Mes mauvaises résolutions

Benjamin F. Valdugrain

Mes mauvaises résolutions

Librio
Inédit

E.J.L., 2022

SOMMAIRE

Introduction 9

Janvier — Au diable la sobriété ! 13

Février — Tester les techniques de drague les plus foireuses 25

Mars — Repousser les limites de la glande au bureau (sans se faire choper) 33

Avril — Prolonger mes congés grâce au télétravail 41

Mai — Dépenser plus sans gagner plus 49

Juin et juillet — Dépoussiérer les cérémonies guindées 55

Août — Réserver un aller simple vers l'absurde 65

Septembre — Laisser tomber l'éducation des enfants 73

Octobre — Booster mon couple sans fleurs ni régime minceur 81

Novembre — Faire exploser mon empreinte carbone 89

Décembre — Finir l'année autour d'une bonne engueulade familiale 95

INTRODUCTION

Vous allez rater votre vie.

Ne faites pas cette tête. C'est comme ça. Vous n'y arriverez pas. Vous avez placé la barre trop haut, vos ambitions sont exagérément élevées, déraisonnables, contradictoires. Votre petite course au bonheur, à la fortune et à la gloire va se terminer, désolé de vous le dire, en eau de boudin.

En même temps, vous ne vous facilitez pas la tâche. Regardez les objectifs que vous vous êtes fixés. Tenez, relisez par exemple vos dernières bonnes résolutions. Mais si, vous savez bien, vos *résolutions,* celles que vous rédigez chaque année, en général au moment des fêtes, quand l'alcool coule à flots, que votre estomac subit les pires attaques et que votre tante Tilda vient s'asseoir à votre table le soir du Réveillon, une assiette d'amuse-gueule dans une main, et un verre de cocktail issu d'un mélange particulièrement douteux et beaucoup trop alcoolisé dans une autre, pour vous demander si cette année, pour une fois, vous avez pris de *bonnes* résolutions. Avec une insistance qui sous-entend que celles que vous aviez rédigées l'année d'avant n'étaient peut-être pas les plus judicieuses... Vous aviez pourtant mis du cœur à les écrire. Souvenez-vous, la liste ressemblait à peu près à ça :

1) M'inscrire dans une salle de sport et entretenir ma forme physique tout au long de l'année ;

2) Trouver l'âme sœur ;

3) Travailler d'arrache-pied pour obtenir enfin une augmentation ;

4) Mettre fin aux dépenses inutiles ;

5) Limiter mon empreinte carbone ;

6) Prendre des cours de cuisine.

Inutile d'en dire plus. Au nom de quoi vous infligez-vous de tels supplices ? Des « résolutions » ? Des missions impossibles, oui ! Rencontrer l'âme sœur, faire des économies,

« limiter votre empreinte carbone »… Sérieusement ? Et pourquoi pas « sauver le monde » ou « lire des romans de plus de trois cents pages » ? Excusez ma brutalité, mais vos résolutions, moi, j'appelle ça des allers simples vers le sentiment d'échec. Ou comment attraper le coup de cafard du siècle rien qu'avec une simple liste qu'il faudra, ensuite, faire valider par la tante Tilda ou par n'importe quelle autre personne de votre entourage, trop ravie qu'elle sera de pouvoir en dresser le bilan impitoyable. Et on se demande encore pourquoi les gens sont angoissés à l'approche des fêtes de fin d'année !

Accordez-vous au moins une circonstance atténuante : tout cela n'est pas entièrement de votre faute. Vous subissez depuis votre plus tendre enfance d'innombrables injonctions : à la réussite, au bonheur, au bien-être et j'en passe… Dès les premières années de votre vie, il ne suffisait déjà plus d'apprendre à marcher ou à parler ; déjà, il fallait vous épanouir, grandir tout de suite, si possible avant les autres, en enchaînant jeux d'éveils, tours de construction et autres puzzles Montessori « J'apprends à impressionner les adultes ». À l'école, vos premières rédactions portaient évidemment sur le métier idéal que vous voudriez faire plus tard. Puis, dès l'adolescence, il a fallu songer à faire de bonnes études, obtenir un diplôme et viser le job du siècle. Et encore, s'il n'y avait eu que ça… Mais non, pendant qu'on vous enjoignait de parfaire votre futur *business model*, vous découvriez en même temps les trésors des relations sociales. Quel leader de cour d'école vous pouviez incarner ? Comment faire pour rester cool ? Un bon ami, une camarade exemplaire… Sans même parler de sentiments ou – pression parmi les pressions – de sexe. Rencontrer la bonne personne. Maîtriser les codes de la séduction. Impressionner votre partenaire… voire devenir le coup du siècle.

Vous pensez que j'exagère ? Pensez à tous les magazines qui encombrent les tables basses des salles d'attente. Les « préparez votre avenir » écrits en gros, juste à côté des palmarès des villes à visiter absolument et des expériences à vivre absolument. Jetez aussi un œil à votre bibliothèque personnelle. Elle déborde d'ouvrages censés satisfaire votre quête du bonheur ou votre épanouissement socioprofessionnel. Comment on appelle ça déjà ? Ah oui : les guides de développement personnel. De l'hilarant « devenir heureux du premier coup » au désopilant « faites la paix avec votre entourage », en passant par le tellement stimulant « arrêtez la cigarette et toutes formes de vices en un mois ». Autant d'ouvrages entamés un nombre incalculable de fois pour être systématiquement abandonnés, en général avant la fin du premier chapitre.

Non mais sérieusement, vous n'en avez pas votre claque, vous, de tous ces buts à atteindre ? Surtout, vous n'en avez pas marre de ne pas réussir à réaliser ces fameux objectifs ? Toujours une résolution qui tombe à l'eau. Une autre dont vous ne vous souvenez même pas. Et toutes celles que vous réécrivez chaque année mais en des termes différents (ça va, je connais le truc), histoire de ne pas trop retourner le couteau dans la plaie.

Lâchez-le, ce couteau. Je vous invite à me faire confiance. Oui, moi, votre nouveau gourou. Sauf que des gourous dans mon genre, vous allez vite comprendre qu'il n'y en a pas cent cinquante. Ce que je vous propose, c'est d'arrêter votre fuite en avant et de prendre la route en sens inverse. Il ne s'agit ni de remonter le temps, ni de descendre de votre véhicule existentiel, mais bien d'emprunter la voie opposée, celle des dingues, des téméraires, des casse-cou.

En vérité, la seule résolution qui puisse nous faire véritablement du bien, c'est **d'accepter de nous tromper**. Rater ce qu'on entreprend, passer à côté, manquer ses objectifs, de peu ou dans les grandes largeurs. Faites-vous à l'idée : il n'y a rien de plus sain, de plus commun, de plus humain que de se planter. Je dois être une sorte de philosophe schopenhauerien tendance néobouddhiste : je ne crois qu'en les vertus de l'échec. Acceptez de ne pas faire les choses qu'on attend de vous. Laissez-vous aller. Dépensez vos maigres économies et faites cramer vos fonds de casseroles. On ne vit qu'une fois, disait le tout aussi fameux qu'agaçant proverbe. Ce à quoi ce brave Snoopy (un autre genre de philosophe) a répondu : « Erreur ! On ne meurt qu'une fois. On vit tous les jours*. » Il est donc plus que temps de commencer à s'amuser. Apprendre de nos erreurs, oui, mais pour en réaliser de plus grandes encore.

---

* « *We only live once, Snoopy. – Wrong ! We only die once, we live everyday.* », d'après l'inimitable Charles Schulz.

Quant à votre manie des listes, pas d'inquiétude, si vous tenez plus que tout à rédiger votre petit vade-mecum annuel, alors vous allez être servi. Mais prévenez vos proches, les résolutions que nous nous apprêtons à rédiger ensemble n'ont rien, mais alors rien à voir avec vos très humbles et très traditionnelles professions de foi. Ensemble, nous allons concocter un authentique traité des tâches à *ne pas* effectuer. Un véritable bilan d'incompétences. L'anti-manuel de vie par excellence.

Taillez bien votre crayon et préparez vos pense-bêtes, vous tenez entre les mains le seul, l'unique et le premier véritable guide des mauvaises résolutions.

JANVIER

Au diable la sobriété !

Ce que la société attend de vous

Commencer l'année du bon pied. Assainir votre corps et votre esprit. Adopter un régime équilibré, équitable, économique et écologique – en un mot : *healthy.* Laissez de côté toutes vos mauvaises habitudes à base de sucres rapides et de *junk food.* Ici, c'est le règne de la pondération, des légumes anciens et des conseils beauté au naturel professés par des ersatz de Gwyneth Paltrow à la peau de bébé et à la dentition parfaite. Un peu de tonus ! Si vous tenez tellement à réussir cette année, il va falloir vous lever tôt. Votre maître-mot devra être l'hygiène. Qu'elle soit corporelle, alimentaire, de vie ou de sommeil.

Vous avez bien rigolé, bien bu, vous vous êtes laissé aller à tous les excès pendant les fêtes de fin d'année ? C'est le mois de janvier désormais, il fait froid et les collègues de bureau vous attendent de pied ferme pour partager leurs angoisses et leurs rhumes d'hiver. Vous avez intérêt à tout de suite vous reprendre en main, à retrouver un rythme et un régime beaucoup plus sains si vous ne voulez pas exploser en plein vol. Sinon c'est le burn out ou le déclassement professionnel qui vous guettent !

Mais attention à garder le sourire. Régime, restrictions et rythme de travail ne doivent pas rimer avec grimace, déprime et coups de cafard. Adoptez les bonnes pratiques, oui, mais dans la joie et la bonne humeur !

Ce que vous allez faire

D'abord, n'oubliez pas que le dernier film à peu près digne d'intérêt dans lequel a été aperçue Gwyneth Paltrow s'intitulait *Avengers : Endgame*, soit la soupe de navets hollywoodienne la plus mal assaisonnée qu'il nous ait été donné de digérer dans une salle de cinéma. Pour une actrice qui prétend incarner l'idéal du régime équilibré et soucieux de son environnement – et qui conseille par ailleurs à son lectorat féminin de se promener dans la rue avec un œuf de jade glissé dans le vagin pour faire « comme les épouses chinoises de la royauté pendant l'Antiquité » (ne me regardez pas comme ça, je serais incapable d'inventer un truc pareil) afin de mieux « exploiter leur pouvoir énergétique » et ainsi permettre « la désintoxication et le nettoyage du corps » (conseil d'un profane : NE FAITES PAS ÇA !) – on aura trouvé conseillère remise en forme plus crédible.

Vous avez vraiment envie de débuter votre année avec des soupes de tapioca à la menthe et des réveils matinaux au bain d'eau froide ? Tous ces appels à la purification... ce corps qu'il faudrait absolument nettoyer des expériences « limites » des fêtes de fin d'année. Ça sent le rite d'expiation à plein nez. Déjà, pourquoi faudrait-il à ce point regretter les plaisirs vécus durant ces fameuses fêtes de fin d'année ? Des réunions en famille ou entre amis pour terminer une année éprouvante, des repas gargantuesques, des anecdotes et des rires partagés jusqu'à pas d'heure, de la danse, des regards entre deux verres qui se terminent en promesse d'étreintes passionnelles... En réalité, le vrai problème avec les fêtes de fin d'année, ce n'est pas qu'elles aient eu lieu, c'est qu'elles soient terminées ! Finalement, la meilleure façon d'aborder l'année, c'est de faire du mois de janvier un Réveillon perpétuel !

Conseils

- *Sorties :*

Vous regrettez votre soirée du Nouvel An ? Organisez-en une nouvelle ! Votre agenda téléphonique grouille de petites âmes effrayées par le retour au sacro-saint métro-boulot-dodo qui n'attendent que votre signal pour s'éveiller à nouveau. Au fond, pourquoi faudrait-il ne célébrer que le passage à la nouvelle année ? Et le huitième de l'an, alors, vous y avez pensé, au huitième de l'an ? La Sainte-Yvette, votre deuxième prénom justement (si, si c'est votre deuxième prénom, faites un effort sinon l'année va être vraiment longue). Autrement, les Japonais célèbrent la Seijin shiki, la fête de la majorité, le deuxième lundi du mois, ça vaut bien une petite tournée de saké ! Les Australiens ont leur Australia Day le 26 janvier, de quoi raviver les souvenirs *sea, sex and Kylie Minogue* de vos premiers étés. Quant aux Chinois, tout le monde sait qu'ils ont leur propre Nouvel An. 1,411 milliard de complices prêts à bondir aux douze coups de minuit, ça va en faire du monde pour réveiller les voisins.

- *Mode :*

Un mois de bamboche ne serait évidemment rien sans des habits de lumière. Et pour ça, inutile de mettre la main au porte-monnaie. Là où les blogs en tous genres vous enjoignent de vite retrouver le chemin des boutiques de vêtements pour vous dégotter une tenue « protectrice » et « conquérante » afin d'affronter le terrible hiver à l'approche (et pourquoi pas une armure pendant qu'on y est ?) ; tandis que les magazines vous conseillent, parmi les différents « looks du mois de janvier », de choisir entre la « valeur sûre » que représenterait le « Total Look Black » (joyeux) ou vous « tenir à carreaux » avec un ensemble jupe chemisier à... carreaux (évidemment). Quand ces punks du service mode ne vous proposent pas tout simplement d'enfiler une cagoule en laine... Je vous invite, moi, à opter pour un look 100 % mauvaises résolutions !

Sus à la dépense ! Conservez vos robes de soirée, vos chaussures dorées et cette perruque rose fuchsia qui vous est tombée sur la tête entre deux verres de champagne. Ce sera votre uniforme pour le reste du mois.

Si la perspective de défiler dans le métro avec votre costume de Catwoman à moitié déchiré (pas top les fausses griffes, surtout en cas d'urgence pipi) ou dans le pantalon bouffant à bandes bleues et blanches d'Obélix le Gaulois (dommage pour le menhir en plastique mais ça ne passait vraiment pas les portiques) pour vous faire dévisager par une armée de croque-morts ne vous met pas en joie, pas de problème ! Les aficionados de la discrétion pourront toujours se rabattre sur l'indépassable paire de lunettes noires, sombres comme un café serré un lundi 3 janvier et épaisses comme la pile de dossiers qui vous attend au bureau. En réunion ou dans le métro, ça vous donnera toujours cette petite allure de star façon Isabelle Adjani qui s'embrouille avec Karl Lagerfeld. Le nec plus ultra, comme dirait Anna Wintour. Et vivement la fashion week !

- *Régime :*

Vous aurez compris que je ne suis pas un grand amateur de cures détox, de régimes de remise en forme ou de recettes miracles. « Pour éviter la gueule de bois, disait mon oncle Léon, il faut rester bourré. » Vous n'allez quand même pas jeter aux égouts tous ces fonds de bouteilles et ces cocktails à moitié consommés ? On est comme ça, en France, on a toujours peur de manquer et après, on se retrouve avec des litres de vin sur les bras. Ne les descendez pas déjà à la cave ! Pour affronter le mois de janvier, rien de tel qu'un très léger état d'ivresse. « L'alcool permet de supporter à peu près tout, écrit Michel Houellebecq, c'est d'ailleurs un des principaux problèmes avec l'alcool*. »

Même chose avec les papillotes, les truffes et les bûches de Noël tout juste entamées. Ce qu'il y a de bien avec les sucres rapides, c'est que paradoxalement, ça se conserve extrêmement bien.

- *Bonus :*

Si vraiment vos proches ont dépassé les limites de la gourmandise et fait table rase de vos précieuses boîtes de Ferrero Rocher, n'hésitez pas à aller faire un tour au supermarché du coin. La première semaine de janvier, les étals sont encore grouillants de sucreries à la composition indécente – à faire s'auto-désinstaller vos applications de consommation éthico-militantes du type Yuka. Ces produits n'attendent que votre carte de crédit pour envahir vos placards ou votre estomac et donner une dimension nouvelle à votre facture de dentiste. Le capitalisme sauvage a ceci de formidable qu'il ne fait généralement pas dans la dentelle, surtout après les fêtes. Tout doit disparaître, voilà l'adage.

* Michel Houellebecq, *Anéantir*, Flammarion, 2022.

TEST

Quel cocktail êtes-vous ?

La fin d'année, disait-on, aura été riche en mélanges… Le début de la nouvelle le sera donc d'autant plus ! Et s'il vous plaît, épargnez-nous vos élans de culpabilité. « Dans la vie, écrivait Albert Cohen, on n'arrive à rien sans relations, et il n'y a rien de plus commode que les cocktails pour se faire des relations. » Laissez tomber les tisanes aux orties et les soupes de graines de chia, découvrez plutôt quelle mixture festive vous correspond le mieux.*

1 Sur une île déserte, les trois objets culturels que vous emportez sont :

A. *Glamorama* de Bret Easton Ellis, une sculpture *Balloon Dogs* de Jeff Koons (d'une valeur de 91 millions de dollars tout de même) et l'intégrale de *Sex and the City*.

B. Le dernier Guillaume Musso ou n'importe quelle tête de gondole littéraire, une comédie consensuelle avec Omar Sy et un single « tellement romantique » de Juliette Armanet.

C. L'hilarant *Tonnerre sous les tropiques* de Ben Stiller, une monographie de Paul Gauguin et *Sans alcool* de Claire Touzard.

2 Aux dernières élections, vous avez voté pour :

A. Le parti présidentiel, par réflexe légitimiste et pour préserver l'honneur de la France.

B. Le parti écologiste, afin de mieux protéger la planète et l'avenir de nos enfants.

C. La coalition de gauche radicale, pour mettre un coup de pied dans la fourmilière et faire valdinguer les conservatismes.

---

* Albert Cohen, *Belle du Seigneur*, Gallimard, 1968.

D. Vous n'avez pas voté. Tous les partis se valent et ce jour-là, vous n'aviez pas mis votre réveil.

3 Quand on vous demande de définir votre situation sentimentale ou familiale, vous répondez :

A. « En couple ! », et avec quatre beaux enfants, qui font votre fierté et celle de votre conjoint – votre premier et unique partenaire dans la vie.

B. « Heu, attendez que je regarde », le temps pour vous de vérifier que personne n'a fini dans votre lit, cette soirée était décidément trop arrosée, et l'after qui s'en est suivi aussi.

C. « En relation ouverte », un bras enroulé autour de votre partenaire, un autre autour de son amant actuel, et un autre encore (oui, vous avez plus de deux bras, c'est ça, la modernité) pour enlacer vos futures conquêtes.

4 Au lycée, le texte philosophique qui a changé votre vie était :

A. *Ainsi parlait Zarathoustra* de Nietzsche. Fracassons les consciences, brûlons les idoles, repoussons les carcans moraux !

B. L'allégorie de la caverne, de Platon. Un mythe aussi célèbre que la Bible, plus malléable et facile à recaser qu'un album de Drake, vous ne pouviez pas passer à côté.

C. *Trouble dans le genre* de Judith Butler. Subversion de l'identité, féminisme proactif et identité queer, vous le relisez chaque année, juste avant le festival international de la mode.

Résultats :

1						
	Réponse A					
	Réponse B					
	Réponse C	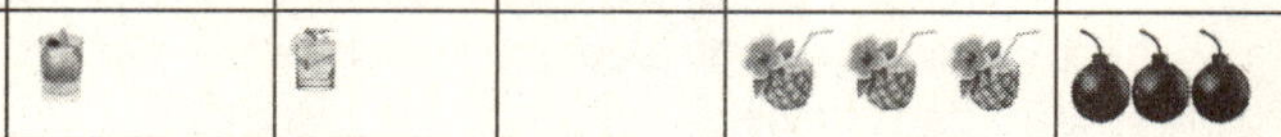				
2						
	Réponse A					
	Réponse B					
	Réponse C	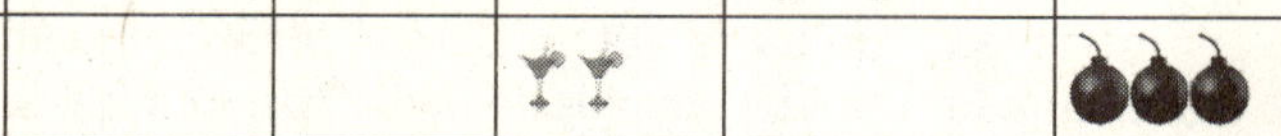				
	Réponse D					
3						
	Réponse A	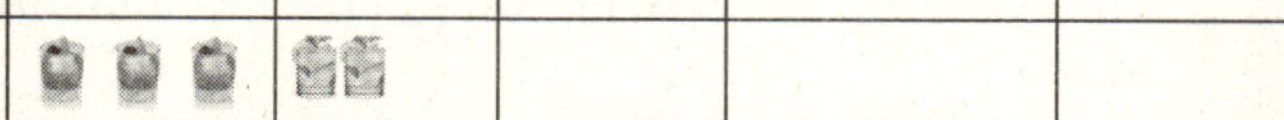				
	Réponse B					
	Réponse C					
4						
	Réponse A	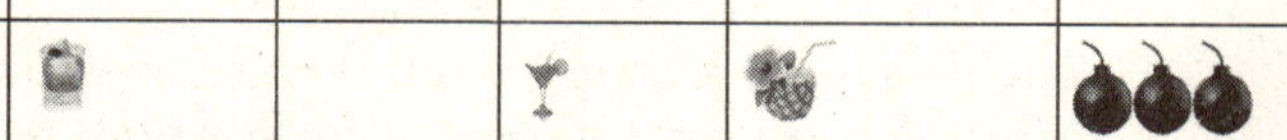				
	Réponse B	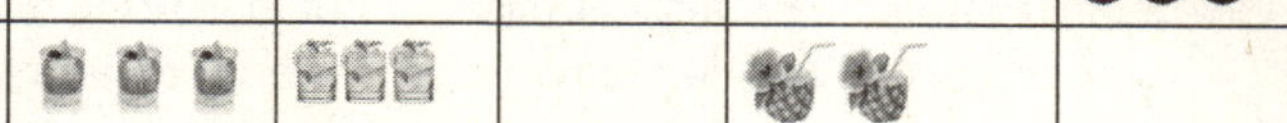				
	Réponse C					

Vous buvez une majorité de  **:** Votre année commencera sous le signe du cocktail Old Fashioned !

5 cl de bourbon, 0,5 cl d'eau pétillante, 2 traits de bitter Angostura, 1 morceau de sucre et 1 zeste d'orange (pour la garniture).

Classe, autorité et conservatisme. De quoi alimenter votre image de Peggy Olson ou de Don Draper du service comptabilité (même si, dans votre dos, certaines mauvaises langues vous comparent plutôt à Donald Trump ou Hillary Clinton – les sources de la jalousie sont intarissables).

Vous dégustez une majorité de  **:** Vous festoyez à grandes rasades de Mojitos !

6 cl de rhum cubain, 3 cl de jus de citron vert, quelques feuilles de menthe fraîche, de l'eau gazeuse et 2 cl de sirop de sucre de canne.

Parce que la vie, pour vous, n'est rien d'autre qu'une longue fête d'été ponctuée de conversations suffisamment consensuelles pour être oubliées rapidement.

Vous sirotez un maximum de  **:** Votre choix est clair, le Cosmopolitan !

4 cl de vodka, 2 cl de triple sec, 2 cl de jus de canneberge et 1 cl de jus de citron vert.

On ne se lassera jamais, au fond, de la démarche conquérante d'une Sarah Jessica Parker ou d'un Tom Cruise prêts à dévorer New York. Et qu'importe que vos enfants vous regardent comme si vous veniez d'un autre siècle. Ce n'est pas en alignant les Mojitos et les comptes Instagram qu'ils finiront en couverture de *Vogue*.

Vous biberonnez quantité de  **:** Tous vos désirs dans un Bora-Bora !

10 cl de jus d'ananas, 6 cl de jus de fruit de la passion, 1 cl de jus de citron jaune, 2 cl de sirop de grenadine, 1 tranche d'ananas et 1 tranche d'orange.

Vous le savez : les plus grands airs d'opéra et les plus belles architectures du monde n'arriveront jamais à égaler le plaisir de déguster une tranche d'ananas alcoolisée à l'ombre d'un cocotier. Henri Salvador vous parle de son jardin d'hiver tandis que Pharrell Williams sifflote une reprise de Bob Marley. Et tout ça, s'il vous plaît, dans un cocktail parfaitement sobre, car l'alcool vous donne mal à la tête et après, vous ne parvenez plus à faire la sieste.

Vous chopinez avec frénésie des  **:** Esprit *no future* avec le Gunpowder plot.

Un soupçon de gin infusé dans de la... poudre à canon (ça va vous changer des feuilles de menthe), un demi-verre d'eau gazeuse et 3 cl de vin italien.

De quoi brûler ce mois de janvier par les deux bouts et mettre le feu à tous les traités de bonne conduite ! Si l'envie de vous offrir un petit cigarillo vous prend dans la foulée, méfiance tout de même. Non pas que les ravages du tabac m'inquiètent particulièrement, mais avec la quantité de Gunpowder que vous venez d'avaler, il ne faudrait pas que votre œsophage prenne soudain des allures de tour infernale.

FÉVRIER

Tester les techniques de drague les plus foireuses

Ce que les applis de rencontre attendent de vous

Classe, beauté et simplicité : bienvenue au casting ! Parce que, oui, c'est un casting. Vous avez beau lire partout que vous devez « faire preuve de sincérité » et « rester authentique », méfiez-vous tout de même de ces slogans façon « venez comme vous êtes », vous n'êtes pas là pour acheter un Big Mac. Ici ce qu'on vend, c'est vous !

Alors préparez-vous aux grands écarts. Vous devez à la fois avoir les charmes surnaturels d'un Brad Pitt ou d'une Charlize Theron, tout en semblant aussi accessible et relax qu'un Franck Dubosc ou une Valérie Lemercier ; paraître mystérieux comme Robert Pattinson et sensuelle comme Léa Seydoux, tout en maniant l'humour potache d'une Blanche Gardin ou d'un Dany Boon. *Twilight* chez les Ch'tis ! C'est l'« en même temps » façon Macron – lequel s'y connaît un peu en stratégie de séduction – adapté à la sauce *speed dating*.

Tout ce que vous pourrez dire, les blagues que vous ferez, les questions que vous poserez, les silences que vous ponctuerez seront autant d'arguments pour vous juger, vous jauger et in fine, pour déterminer si oui ou non, vous méritez plutôt le titre de potentiel *boyfriend* ou d'erreur de casting ; de fille pleine de charme ou de numéro à effacer de toute urgence. Mais sinon, en effet, n'oubliez pas de rester vous-même !

Ce que vous allez tenter

Ne tentez pas de prendre la fuite. Comme dans le désert, au milieu des sables mouvants, il est inutile de lutter. Tout mouvement contraire ne ferait que précipiter votre fin.

De toute façon, vous n'avez pas passé les trois dernières semaines à clavarder* avec le profil Meetic d'une amatrice revendiquée d'ukulélé ou à échanger des sextos avec le sosie non officiel (plus de cheveux, mais aussi plus de bedaine) de Kylian Mbappé, pour ne pas tenter à votre tour de jouer votre plus beau rôle.

Puisqu'on vous demande de vous mesurer à l'image désastreuse qu'ont laissée des décennies de comédie romantique dans l'esprit de vos soupirants, alors soit : allez-y à fond, enfilez votre costume (le genre James Bond plutôt que Batman – enfin, ça dépend de vos pratiques sexuelles) et faites préparer le tapis rouge.

Conseils

- *Small talk :*

Vous ne savez pas quoi dire ? Apprenez des répliques par cœur ! Déclarations enflammées, confidences irrésistibles, compliments inoubliables... Il y en a pour tous les goûts et pour tous les types de conquêtes. En Cyrano 2.0, je vous propose ces antisèches pour dégainer la phrase qui tue à tous les coups**.

- *Décor :*

Tous les sites de rencontre le disent : il faut choisir un lieu qui vous plaise et dans lequel vous vous sentirez immédiatement à l'aise. Le célébrissime Meetic suggère ainsi de passer la soirée dans votre « restaurant préféré ». Proposition rassurante, évidemment, mais quel manque d'imagination !

Un peu d'audace, voyons ! Puisqu'on parle de vos endroits favoris, montrez à la personne que vous convoitez qu'avec vous la vie sera un peu plus excitante qu'une promenade dominicale dans un jardin partagé. Invitez-la, je ne sais pas... dans un parc d'attractions ! Un petit rencard au sommet du Space Mountain, avec déclaration d'amour au

---

* Succulent néologisme québécois, autrement plus poétique que le prosaïque « discuter en tapant sur le clavier de votre ordinateur ». Au subjonctif imparfait, c'est encore plus beau (« que je clavardasse / que tu clavardasses... »).

** Étant entendu que toutes ces répliques ne seront pas reçues avec la même chaleur selon le sens de l'humour de votre partenaire potentiel.

« Après tout, je ne suis qu'une fille, debout devant un garçon et lui demandant de l'aimer. » *Coup de foudre à Notting Hill*	*« Allons nous gaver d'amour jusqu'à en crever. » Love Actually*
« J'ai pas d'appart', pas de boulot, pas de plan. Et je sais que je suis peut-être six ans à la bourre mais tu ne voudrais pas me donner une nouvelle chance ? » Sept Ans de séduction	*« Quand deux personnes sont attirées l'une par l'autre, cela veut juste dire que leurs subconscients sont attirés, de façon subconsciente. Donc ce que nous appelons "destin" n'est en fait que deux névroses qui savent qu'elles sont faites l'une pour l'autre. » Nuits blanches à Seattle*
« Je ne crois pas aux aventures extraconjugales. Je crois que les gens devraient rester ensemble toute leur vie, comme les pigeons. Ou les catholiques. » Annie Hall	« Penses-tu qu'après avoir passé un peu de temps ensemble tu accepterais de ne pas m'épouser ? Et penses-tu que le fait de ne pas être mariée avec moi soit quelque chose que tu envisagerais pour le restant de tes jours ? » *Quatre Mariages et un enterrement*
« J'ai décidé que ma vie était trop simple. Je veux vraiment la compliquer… avec toi. » Six jours, sept nuits	**« La vie, c'est comme une boîte de chocolats, on ne sait jamais sur quoi on va tomber. »** ***Forrest Gump***

milieu des loopings, les enfants qui hurlent et les parents qui vomissent, là, vous êtes sûr de lui laisser un souvenir inoubliable ! Les allergiques aux bains de foule peuvent toujours se rabattre sur une balade nocturne à travers les catacombes. Vous aurez certes parfois les pieds dans l'eau, mais si on fait abstraction des rats, vous ne serez pas dérangés par les conversations des voisins.

Dans le même genre, je suis toujours surpris que les promenades en forêt ne soient pas plus souvent plébiscitées pour une première prise de contact – probablement la crainte de tomber sur des chasseurs. Dans ce cas, optez pour la poésie urbaine d'un ou deux tours de périphérique en voiture, la nuit. Partagez votre amour pour les concerts de punk dans des caves aménagées, tellement underground (« Toi aussi, tu kiffes les pogos ? – Qu'est-ce que tu dis ? »). Ou tranchez pour l'inénarrable premier *date* dans la tribune « visiteurs » d'un stade de foot, un soir de PSG-OM, les chants partisans à vous exploser les tympans et des supporters qui éructent au moindre but, c'est un peu plus enlevé qu'un bête dîner aux chandelles.

- *Attitude* :

Contradictoire. Vos amis vous le disaient déjà au lycée, pour faire fondre Samir le beau brun ténébreux ou rendre folle Alice la future top-modèle, vous devez cultiver une attitude à la frontière entre franchise et indécision. Affirmez vos convictions tout en assumant vos hésitations. Parlez d'engagement tout en faisant l'apologie de la solitude. Et cultivez un *body language* qui mixe chaleur corporelle et froideur du regard. C'est ce savant dosage qui fera de vous un être impossible à saisir – donc désirable.

Concrètement, lorsque vous entrez dans le restaurant (tant pis pour les catacombes, de toute façon vous êtes claustrophobe), repérez la personne avec qui vous avez rendez-vous et plongez votre regard dans le sien, de manière à lui faire immédiatement sentir combien vous l'estimez, tout en prenant soin dans le même temps de saluer un maximum de gens autour de vous, voire à vous arrêter à une table ou deux avant de la rejoindre, histoire de lui rappeler qu'elle n'est pas non plus la seule personne digne d'intérêt dans ce lieu. Cruel mais irrésistible.

Au moment de commander à manger, montrez que vous savez ce que vous voulez et désignez avec autorité le premier plat qui vous tombe sous les yeux (« Une choucroute du jour ? Parfait ! », avant de prendre ensuite un temps considérable pour choisir la boisson qui accompagnera votre mets (« Un petit verre de vin… Non, attendez… Servez-moi plutôt un jus d'orange… Ou non, tenez, un whisky. Mais avec des glaçons ! Quoique… peut-être pas de glaçons. Et peut-être pas un whisky finalement… »). Ne cédez pas face à l'impatience du serveur. Vous êtes là pour montrer que vos désirs ne souffrent aucun empressement – la lenteur est la marque du dandysme le plus raffiné.

Bien sûr, il en va de vos intentions comme de vos choix culinaires. Faites sentir à votre interlocuteur que vous pourriez faire des folies, même si, ce soir, vous resterez raisonnable. Faites preuve de franchise mais ne dévoilez jamais complètement votre jeu (« Il y a quelque chose que je voudrais absolument te dire… mais je ne pense pas que je le ferai ce soir »). Assaillez votre *date* de déclarations enflammées tout en repoussant méthodiquement ses avances (« Tu me fais un effet de dingue… Hélas ! Nous ne sommes pas faits pour être ensemble »). Et au moment de vous séparer, n'hésitez pas à en remettre une couche (« J'ai envie de toi, là, tout de suite…) en prenant soin dans la foulée de savamment refroidir ses ardeurs (« Mais si tu crois qu'il va se passer quelque chose entre nous, tu peux toujours rêver »).

Promesses, distances, avances, interdictions définitives. Ou comment faire preuve du panache déluré d'un adolescent prépubère tout en respectant avec chasteté les préceptes de la plus sévère des mères supérieures.

MARS

Repousser les limites de la glande au bureau (sans se faire choper)

Ce que votre entreprise attend de vous

Du zèle, bien sûr. Toutes les études managériales le prouvent, ce qu'on demande à un employé de bureau, c'est avant tout d'être motivé, déterminé, entreprenant – autrement dit : proactif. Oubliez le capitalisme bon teint des Trente Glorieuses, le patron qui vous assigne à une tâche précise et n'attend de vous que sérieux, application et docilité. Ce qu'on juge désormais, c'est votre capacité à deviner les attentes de vos collaborateurs et à savoir prendre des initiatives en toutes circonstances.

Attention toutefois à bien rester à votre place. L'esprit d'initiative, oui, mais tant que vous ne vous prenez pas pour Jeff Bezos ! On vous demande d'anticiper les minicrises auxquelles votre service pourrait éventuellement avoir à faire face (« Tu as pensé à racheter des dosettes de café ? »), pas à prendre la tête d'une multinationale. Vous, votre truc, c'est le travail de l'ombre, les heures sup que vous ne comptez plus et toutes ces tâches ingrates que vous enchaînez, le sourire aux lèvres, satisfait de représenter un véritable modèle pour vos collègues (« Non mais quel fayot ! ») et un exemple pour vos supérieurs, toujours prêts à vous encourager pour tirer le meilleur de vous-même (« Bon alors, elles arrivent ces dosettes ? »).

Ce que vous allez faire (en douce)

Procrastiner. Remettre à demain ce que vous pourriez faire aujourd'hui, voire à après-demain ce que vous auriez dû faire hier. Attention ! On ne parle pas ici de petite glandouille. Il en faut, de la maîtrise, de l'astuce et de l'imagination pour parfaitement *ne pas* travailler au bureau. On vous demandait de la proactivité ? Voici mes conseils pour proactivement ne plus jamais avoir à travailler, et tout ça, bien sûr, avec les félicitations admiratives de votre hiérarchie – autrement, ça ne serait pas aussi drôle.

Conseils

- *Mobilier :*

Les spécialistes de la glande sont formels, pour bien paresser au travail, le choix du bureau est primordial. Évidemment, si vous pouvez profiter de votre propre espace pour vous mettre à l'abri des regards lorsque vous entamez tranquillou une partie de *Pokemon Legends* (quarante fois que vous échouez à capturer cette maudite bestiole) ou un autre de ces jeux vidéo addictifs dont vous raffolez, c'est l'idéal. Méfiez-vous quand même des visites inopinées de votre boss (le vrai, pas celui du jeu vidéo), il ne s'annoncera pas nécessairement avant d'entrer et il ne faudrait pas qu'à ce moment-là vous ayez la tête de quelqu'un en pleine lutte à mort avec une meute déchaînée d'animaux mi-dragons mi-araignées géantes alors qu'il passait simplement vous demander des nouvelles du sous-traitant pour les bouchons en plastique (« Je crois que vous prenez ce dossier un peu trop au sérieux »). *Poker face*, donc.

Autrement, si les jeux vidéo ne vous tentent pas plus que ça, et que, de retour d'un déjeuner trop arrosé, vous préférez profiter du calme de votre bureau pour vous accorder une petite sieste, surtout ne vous gênez pas. Internet fourmille d'astucieuses applications sonores imitant à la perfection les bruits de doigts sur un clavier.

Les meilleurs outils à votre disposition

Classement	Nom	Catégorie	Pitch	Liens
1.	Ronwinter	Bruits de clavier améliorés	Dans la continuité des applications type iNap@work ou Faker Prank qui permettaient de faire résonner de faux bruits de clavier – pas hyper utile dans un open space, sauf à vouloir faire disjoncter vos plus proches collaborateurs (« Je te jure, on aurait dit qu'il rédigeait un mail les bras croisés ! ») – Ronwinter vous propose de réellement utiliser les touches de votre clavier mais pour… jouer de la batterie. L'instrument endiablé étant matérialisé sur votre écran et chaque touche renvoyant à un enchaînement de percussions, vous donnerez l'impression d'aligner les rapports financiers tout en vous offrant le plus beau solo de batterie de votre carrière. À utiliser avec des écouteurs sinon c'est à Pôle emploi que vous irez jouer les Ringo Starr.	www.ronwinter.tv (ou iNap@work sur l'App Store d'Apple et Faker Prank sur le Play Store des Android)
2.	Happy Hour Virus	Fausses alertes	D'un simple clic, faites apparaître de faux messages d'erreur sur votre poste de travail, ou comment donner l'illusion que votre écran est complètement bloqué (« Oui, c'est tout bleu depuis tout à l'heure »), le temps d'aller boire un coup avec les collègues.	https://happyhourvirus.com
3.	Spreadtweet	Réseau social déguisé	Toujours dans la catégorie des faux tableurs Excel (« Ce bilan financier vous donne du fil à retordre »), une application qui transpose directement votre fil Twitter sur le tableur bureautique de Microsoft. Attention aux trolls !	https://spreadtweet.en.softonic.com

4.	Cost Cutter	Jeu vidéo camouflé	Prenant l'apparence d'un tableur Excel, un jeu qui permet d'éliminer les blocs de couleurs qui se touchent sur un diagramme en bâton. Oui, comme dans *Tetris*, mais avec un tableur Excel (les gens sont magnifiques). Dans le même genre, un jeu comme *Crash Planning*, permettra aux fans de *Candy Crush* de jouer à leur jeu préféré, avec des bonbons multicolores remplacés par des cases colorées du type « déjeuner », « réunion », « pause » et autre « deadline ».	*Cost Cutter & Crash Planning* – Disponibles sur feu le site cantyouseeimbusy.com
Hors compétition	Panic Button	En cas d'alerte	Si les suites bureautiques vous donnent envie de sauter par la fenêtre, mais que vous ne voulez quand même pas vous faire gauler par votre n + 1 au moment où vous passerez de votre page Facebook au résumé du match de la veille, installez donc le merveilleux Panic Button. Soit l'extension la plus simple et la plus pratique que vous pourrez ajouter à votre navigateur internet pour camoufler tous vos onglets de recherche en un simple clic. Vous pouvez même assigner une page de sécurité afin de passer comme vous l'entendez d'un forum de recettes végétariennes ou d'un site spécialisé dans les pratiques BDSM (ou les deux, chacun son truc après tout) à une page d'accueil beaucoup plus sobre et studieuse du type Wikipedia ou lemonde.fr.	Disponible sur tous les bons moteurs de recherche*

* Avant que vous ne demandiez : oui, ça fonctionne aussi très bien chez soi. Inutile de vous faire un dessin, personnellement, un truc pareil aurait existé dans les années 1990, j'aurais probablement connu une adolescence beaucoup plus sereine (« Maman ! Tu pourrais frapper avant d'entrer ! »).

- *Outils d'open space :*

Enfin, parce que la vie en open space ne serait rien sans un usage abusif des anglicismes à faire démissionner par hara-kiri la moitié des membres de l'Académie française, ce petit bingo vous sera aussi utile pour exercer votre habileté à parler comme de véritables employés zélés tout en vous distrayant à peu de frais.

BINGO START UP NATION				
MULTITASK	OVERBOOKED	CORPORATE	CHALLENGER	CONF CALL
BULLET POINT	UPDATER	RUSH (variante : SPEED)	ÇA FAIT SENS	DÉBRIEFER
IMPLÉMENTER	MAINSTREAM	ONE TO ONE (écrire « 121 »)	FEEDBACK	EN LIVE
WORKSHOP	SLASHER	TIMING	DESK	DEADLINE
BURN OUT	TEAM BUILDING	TO-DO LIST	OPEN	AFTERWORK
BRAINSTORMER	ASAP	PROCESS	PERSONAL BRANDING	REPORTING
PRINTER	DRINKER	FORWARDER	SWITCHER	CHECKER

À vous de jouer ! Remplacez dans le texte 100 % francophone ci-dessous le maximum de termes à l'aide de la grille ci-dessus.

On se retrouve pour faire le bilan de la réunion et boire un verre lors de la collation après le travail ? Tu pourras me transférer ce courrier électronique dès que possible ? C'est un peu la course avant la date limite. Tu devrais peut-être échanger ton poste avec une collègue, d'après les retours du chef de service, tu frises le syndrome *d'épuisement professionnel. Le dernier séminaire d'entreprise a permis de consolider l'équipe dans un esprit entrepreneurial optimal. Les réunions à distance, c'est vraiment la plaie. Rien de mieux qu'un échange en face à face pour mettre en valeur ses compétences socioprofessionnelles*.*

* Solution : débriefer – drinker – afterwork ; forwarder – Asap ; rush – deadline ; switcher – feedback – burn out ; workshop – team building – corporate ; confcall ; one to one – personal branding.

AVRIL

Prolonger mes congés grâce au télétravail

Ce que vos patrons craignent que vous ne fassiez

Un monde en soi que le travail à distance. Popularisé par la grande tournée mondiale du Covid-19 et sa joyeuse cohorte de confinements successifs, le télétravail – terme dérivé de l'anglais *telecommuting* et qui remonterait à 1972 – est devenu absolument central dans nos vies, au point de donner des sueurs froides à nos chers dirigeants d'entreprise. En même temps, il faut bien se mettre à leur place. Pour un patron, laisser s'éloigner ses employés, c'est prendre le risque énorme de voir toutes ces petites âmes laborieuses perdre en concentration et en motivation dès lors qu'elles ne sont plus sagement assises derrière leur bureau habituel. Vous imaginez l'angoisse ? On ne peut plus passer à l'improviste pour voir ce que font nos salariés (« Décidément, ce bilan financier vous donne vraiment du fil à retordre »). Autrement dit, on ne peut plus les surveill… les *soutenir* comme il le faudrait !

C'est que, chez eux, les pauvres employés vont être livrés à toutes les tentations : les enfants qui crieront, les programmes télévisés qui se mettront inopinément en route ou les voisins qui passeront à l'improviste (« Je ne te dérange pas au moins ? – Mais non, tu rigoles ? Je suis en télétravail ! ») – toutes ces distractions se multiplieront pour faire d'un collaborateur jadis exemplaire un véritable adolescent réfractaire à toute pression. C'est vrai, oui, le télétravail fait peur à vos employeurs. Ils se méfient de vous. Et ils ont bien raison.

Ce que vous allez faire

Pour celles et ceux qui ont vécu le confinement et éprouvé ne serait-ce que vingt-quatre heures durant la présence simultanée des enfants – les vôtres ou ceux du voisin du dessus (« Ils jouent au tennis là-haut ou quoi ? ») – et de vos colocataires ou de votre conjoint en plein remake de *Shining* (« Chérie, tu sais où a été rangée ma vieille machine à écrire ? ») ou de *Femmes au bord de la crise de nerfs* (« Je veux juste sortir boire un coup, bordel ! »), vous savez que le travail à distance, ce n'est pas non plus Bora-Bora.

Certes, vous pouvez prendre des douches aux heures qui vous chantent, mais à condition de faire abstraction des coups de fil incessants de vos supérieurs. Ces derniers se ficheront d'ailleurs bien de savoir que ce n'est pas simple pour vous de vous concentrer alors que votre fille de trois ans a fait de votre clavier d'ordinateur un chef-d'œuvre d'action painting façon Jackson Pollock et s'est désormais mis en tête de colorier chaque document que vous auriez la mauvaise idée de laisser traîner.

Sans parler des nombreuses applications et autres programmes de travail dit « collaboratif » qui ont fleuri pour vérifier que les employés à distance sont bel et bien branchés sur leur ordinateur. Comme vos notions de *hacking* remontent à vos souvenirs du premier *Matrix*, vous risquez, là aussi, d'avoir besoin de deux ou trois trucs et astuces pour vous défaire de l'emprise managériale.

Conseils

- *Informatique :*

Bien sûr, il y a les problèmes techniques. Internet existe depuis un peu plus de trois décennies, le monde entier est branché sur des plateformes de streaming qui diffusent séries télévisées et matchs de foot à la vitesse de l'éclair et même votre frigo peut désormais capter le wifi, et pourtant l'excuse magique de la « connexion-qui-bugge » n'a pas pris une ride. Vous avez rendez-vous avec l'ensemble du service à 9 heures ? « Connexion-qui-bugge. » Vous devez parler avec un important client américain ? « Connexion-qui-bugge. » Le dossier budgétaire n'attend plus que votre approbation et votre synthèse de cinq pages ? « Connexion-qui-bugge-et-qui-a-buggé-toute-la-nuit-ah-la-la-je-vous-jure. » Fonctionne aussi très bien avec les excuses telles que « le fichier est trop lourd à télécharger » alors qu'on parle d'un petit document

PDF de trois pages et que vous venez justement de pirater les neuf saisons de *The Office* en un peu moins d'une heure.

On sera toujours tolérant avec les galères d'Internet. Enfin, tant que vous ne postez pas d'images de vos vacances sur Facebook ! « Ah, tiens, on dirait que tu as finalement réussi à faire fonctionner Internet ? » *is the new* « J'ai l'impression que tu as pu faire réparer ton réveil. »

- *Effets spéciaux :*

On le sait bien, qui dit télétravail dit réunion à distance. Et qui dit réunion à distance dit webcam inquisitrice qui permet en un coup d'œil de s'assurer que vos collaborateurs sont bien concentrés – et s'il vous plaît, dans un environnement sain et bien organisé, alors rangez donc cette canette de soda et cette manette de PlayStation, ça fait désordre.

Rassurez-vous, pour cacher cet affreux papier peint et la présence de la machine à laver dans votre dos, on a inventé les fonds virtuels, ces images numériques aux teintes parfois douteuses et aux proportions pas toujours bien calculées (« Mais non, ce n'est pas un tigre, c'est une photo de mon chat ! ») qu'on peut faire apparaître dans notre dos en un simple clic depuis les applications de communication à distance. Ainsi, travailleurs et travailleuses de France et de Navarre peuvent désormais jouir d'un privilège qui n'était jadis dévolu qu'aux Miss Météo et autres speakerines sur fonds verts. Une opportunité de plus d'impressionner les collègues et de laisser dans l'esprit de vos chefs une trace indélébile. Alors, s'il vous plaît, remisez les décevants fonds virtuels à base de vraies fausses bibliothèques Habitat ou de fenêtres donnant sur le vide, c'est le moment de faire travailler vos zygomatiques, et si vous manquez d'idées, vous pouvez toujours vous inspirer de mes quatre fonds visuels préférés, divulgués ici en exclusivité mondiale :

	Style	**Visuel**	**Qualités mises en avant**	**Limites**
La cellule monastique	Spartiate	Un lit vétuste, un verre de lait posé à côté d'une miche de pain, et une simple bougie posée sur votre exemplaire des *Confessions*. À la rigueur, une minuscule lucarne faiblement éclairée par un rayon de lune.	Sérieux, rigueur et sobriété.	Pas sûr qu'on vous invite souvent aux pots de départ.
Le cockpit d'un vaisseau spatial	Néogeek	Des étoiles qui scintillent, un tableau de bord qui sent bon le *Faucon Millenium* et une espèce de gros ours mal coiffé qui vous adresse un clin d'œil… Parez au décollage !	Enthousiasme revendiqué, esprit potache et culture populaire : sûr qu'on s'amusera plus qu'avec l'autre philosophe dans son couvent.	Le dernier bon *Star Wars* remontant à une époque où le Minitel était considéré comme l'avenir de l'humanité, il faudrait songer à se mettre à la page côté références culturelles.

Le portrait présidentiel	Monarchique	Palais de l'Élysée, jardins à la française et gardes républicains, stylos en or et téléphones rouges, des drapeaux en veux-tu-en-voilà, accrochez donc une Légion d'honneur à votre poitrine, on en trouve pour presque rien sur Amazon.	Sens du leadership, ambitions démesurées, esprit de conquête.	Pour impressionner les stagiaires, je ne dis pas. Mais si c'est pour vous adresser à votre nouveau patron… Disons qu'au moins, côté plan de carrière, vous avez le mérite d'annoncer la couleur.
Le champ de bataille postapocalyptique	Eschatologique	Territoires décimés, créatures gigantesques façon Lovecraft désespéré, ciels décharnés, à peu de chose près votre état d'esprit lors de la dernière canicule, le ventilateur en moins.	Esprit guerrier, résistance à toute épreuve, si travailler est une guerre, vous êtes digne de remporter tous les conflits.	Un peu de calme, *Mad Max*, on vous a demandé de « batailler » pour remporter cet appel d'offres, pas de transformer votre bureau en camp d'entraînement.

Ubérisation

Pour en finir avec la famille « Le capitalisme n'a pas fini de vous épater », je demande le fils, Bob. Ça ne vous dit rien ? C'est pourtant le pseudonyme qui a été accolé à l'un des filous les plus organisés que l'Amérique de Bernard Madoff et de Donald Trump nous aura donnés.

De 2009 à 2012, un employé de bureau prénommé Bob – rien à voir avec l'éponge, c'est un nom d'emprunt – a externalisé l'ensemble de son travail d'ingénieur informatique à une entreprise de sous-traitants basés en Chine. Ainsi, pendant que Bob occupait ses journées à surfer sur Internet, les employés chinois, de leur côté, s'occupaient de la maintenance informatique de l'entreprise qui salariait notre champion. Lequel versait ainsi un peu moins du quart de son salaire à l'entreprise asiatique, ce qui représentait tout de même quelque 50 000 euros par an ! On est loin du devoir de collège rédigé par votre copain Maxime en échange de quelques chips et du numéro de téléphone de votre cousine.

Et vous avez encore des scrupules à traîner sur Instagram pendant les visioconférences hebdomadaires ?

MAI

Dépenser plus sans gagner plus

Ce que votre banquier attend de vous

Vous connaissez Pierre Rabhi, ce philosophe et agroécologiste franco-algérien, chantre de la sobriété heureuse et de la décroissance sans concession ? Un exemple à suivre assurément. Des figures aussi crédibles et déterminantes que Marion Cotillard ou Leonardo DiCaprio ont fait de lui leur prophète. Personnellement, c'est en suivant ses préceptes que j'ai mis fin à ma relation déséquilibrée avec l'argent et la société de consommation, et que j'ai décidé, dans cet élan, de me défaire de toutes mes économies et de quitter les grandes cités babyloniennes pour me faire berger ambulant, ne me nourrissant plus que de racines et de crottins de chèvre, certains jours d'eau de pluie, et pour le reste…

Stop ! Ne refermez pas ce livre tout de suite ! Allons bon ? Ça ne vous parle pas, vous, le retour à la nature ? Les salades de chanvre et les douches froides dans le noir ?

Ce que vous allez faire

« Faites l'amour, pas les magasins », disait un slogan soixante-huitard, régulièrement repris par les mouvances altermondialistes. « OK, mais on peut aussi faire l'amour *dans* les magasins », m'a dit un jour mon pote Julien, hédoniste dans l'âme.

Et pourquoi pas ? Nos vieux catalogues La Redoute s'en souviennent, il y a de l'érotisme dans ce chassé-croisé de tissus et de boutons qu'on accroche et qu'on détache au gré de nos pulsions dépensières. On peut désirer le dernier manteau à la mode tout en aimant son prochain ou en reluquant sa prochaine. Après, évidemment, et comme souvent avec le shopping, tout reste affaire de goût. Vous aurez probablement plus de chance de rencontrer l'âme sœur en faisant du lèche-vitrine dans une petite boutique de vêtements vintage qu'en tentant de voler du fromage râpé en douce au Lidl du coin – à moins que vous ayez un faible pour les vigiles.

Conseils

- *Sorties :*

Si vous ne pouvez vraiment pas aller quelque part sans tout dépenser et que claquer votre argent en un temps record est une question de vie ou de mort, voici quelques hyper centres commerciaux pour vous assurer une banqueroute digne de ce nom !

LE PLUS FRANÇAIS :
Nom : La Part-Dieu
Localisation : Lyon, capitale des Gaules (et des serveurs malpolis, à touche-touche avec Paris).
Caractéristiques : 144 400 m^2, 203 boutiques, 61 restaurants, 18 cinémas... De quoi faire passer l'hypermarché de votre ville pour une épicerie nocturne.

LE PLUS FOURNI :
Nom : Iran Mall
Localisation : Téhéran, en Iran.
Caractéristiques : Près de 2 millions de mètres carrés. L'équivalent, nous dit-on, de la principauté de Monaco. Une autre façon de planquer (définitivement) son argent. Surnommé « le grand bazar d'Orient », il dévorerait toutes les Galeries Lafayette du monde pour en faire des boîtes à chaussures.

LE PLUS GOURMAND :
Nom : Dubai Mall
Localisation : Dubaï, aux Émirats arabes unis.
Caractéristiques : 1,1 million de mètres carrés de surface (petit joueur) mais de quoi accueillir tout de même le très impressionnant « Candylicious » qui, avec son kilomètre de surface, s'avère être le plus grand magasin de bonbons au monde. Ça va en faire, des dépassements d'honoraires chez le dentiste.

LE PLUS ATTRACTIF :

Nom : Mall of America

Localisation : Bloomington dans le Minnesota, États-Unis.

Caractéristiques : 390 000 m² de superficie, 520 magasins, près de 40 millions de visiteurs par an. Mais ce qui retiendra votre attention, ce sont les innombrables trains fantômes, maisons hantées et autres dinosaures mécaniques qui traversent ses boutiques et font de cet hyper centre commercial une sorte de croisement démoniaque entre un parc d'attractions façon Disneyland et la caverne d'Ali Baba (oui, comme le site de vente en ligne).

- *Bons plans :*

Avis aux agoraphobes en tout genre, sachez que la société a développé ces dernières années un remède miracle pour que vous dépensiez votre argent, parfois sans même devoir bouger de votre canapé : les abonnements. Rien que dans le domaine culturel, les vieilleries que sont les cartes de cinéma illimitées et les décodeurs Canal hors de prix sont en train de se faire dévorer par des titans comme Netflix, Disney+ ou Amazon Prime. 9,99 euros par mois pour *binge-watcher* des séries télévisées écrites comme un devoir de rédaction de CM2 ou des événements sportifs aussi captivants que le cricket indien ou les matchs à rallonge de Roland Garros (« 87e balle de break pour Rafael Nadal, après seulement 7 h 39 de jeu ! ») que jadis vous pouviez voir gratuitement, c'est sûr que ça vaut le coup de sortir la carte bleue. Ne prenez pas cet air innocent, les personnes qui prétendent ne pas céder à la folie des souscriptions sont les mêmes qui chaque mois consacrent une part non négligeable de leur budget aux forfaits internet mobile, commandent leur nourriture à distance et n'écoutent plus de musique autrement que via des plateformes dédiées, qu'elles soient françaises, américaines ou suédoises.

Au final, c'est autant d'argent qui s'enfuit de votre compte en banque avec une agilité et une souplesse que ne renieraient pas vos camarades de la salle de sport – 29,99 euros par mois et un accès illimité à l'une des nombreuses salles d'entraînement où vous ne vous rendrez jamais plus de deux fois et demie par trimestre. Après tout, c'est l'intention qui compte.

- *Péché capital :*

Attention ! La teneur de l'argument qui va suivre dans la présente rubrique est quelque peu propice à la controverse. Car oui, honnêtes gens, cessons de tourner autour du pot (commun). Si vous voulez vraiment profiter des fruits de la consommation mondiale mais que vous avez déjà dépensé toutes vos allocations logement, il ne reste alors qu'une solution… Ô scandale ! Allons bon : auriez-vous oublié les conseils de cette sulfureuse actrice française qui expliqua jadis avoir passé une bonne partie de sa jeunesse à chiper des vêtements de haute couture dans les boutiques huppées ? Pourquoi pas de modestes petites culottes, ou des pulls en coton, me direz-vous ? Et bien tout simplement parce que, disait-elle, quitte à prendre de gros risques, autant le faire pour de beaux vêtements…

JUIN ET JUILLET

Dépoussiérer les cérémonies guindées

Ce que la bienséance attend de vous

De la dis-ci-pline. Ne faites pas l'erreur de considérer les obligations sociales avec plus de légèreté que les contraintes professionnelles ! L'amitié, c'est clanique. La famille, c'est militaire.

Vous avez reniflé le danger lorsque vous avez reçu la petite enveloppe rose bonbon qui renfermait le faire-part de mariage de Jasper, dit « Ja-Ja le libertin », votre meilleur ami de lycée, celui-là même qui, des années auparavant, vous jurait les yeux dans les yeux que jamais au grand jamais il ne se ferait attraper, que « célibataire il était, célibataire il resterait » et que pour rien au monde on ne le verrait aliéner sa liberté pour une convention sociale aussi mortifère que le mariage.

Et où est-il maintenant, Ja-Ja ? Sur la photographie imprimée d'un faire-part ! Votre complice d'antan et sa nouvelle compagne semblent visiblement convaincus du bien-fondé de leur entreprise et suffisamment enthousiastes pour vous envoyer cette effrayante convocation. Voilà qu'une fois encore on vous somme de vous rendre en un jour précis à un lieu donné – ici une église, d'autres fois une salle des fêtes, de plus en plus régulièrement un obscur château creusois non référencé sur Google Maps – pour faire acte de présence et tenir votre rôle.

Ne vous laissez pas tromper par excès de naïveté. Mariages, kermesses, remises de diplômes et autres enterrements sont autant d'occasions de vous mettre à l'épreuve. La bonne tenue. Le bon comportement. Les bonnes paroles. Et à ces fondamentaux s'ajoute… la discrétion. Mais oui, ne prenez pas cet air innocent. Je sais bien que vous vous imaginiez déjà débouler à cet événement le corps recouvert de paillettes, dans une alliance entre la Madonna des années 1980 et un rappeur bling-bling des années 2000, pour aller gratifier chacun des convives de vos innombrables anecdotes plus ou moins désopilantes sur ce fieffé fêtard de Ja-Ja, marquant cette soirée de votre patte et laissant à tout le monde un souvenir inoubliable.

Calmez-vous tout de suite ! Vous n'êtes pas là pour prendre la lumière mais pour faire de la figuration, avec tact et dignité. Pour que, sur les photographies souvenirs, les mariés se sentent suffisamment entourés pour considérer que, oui, c'était une belle fête. En somme, vous avez, du point de vue protocolaire, autant d'importance que la taille des coupes de champagne ou l'éclectisme de la playlist du DJ, juste devant la forme des assiettes mais un ou deux rangs derrière les petits choux à la crème qui composent la pièce montée. Alors n'oubliez pas de sourire.

Ce que vous allez faire

D'abord, dites-vous bien que ces fichus plans de table n'existent que pour être bousculés. Vous ne vous êtes pas fadé sept heures de train dont quatre dans un TER qui avançait au rythme d'un chameau assoiffé pour passer la soirée à côté de votre ancienne professeure de mathématiques, du mari un peu éméché de celle-ci (« Excusez-moi, je crois que vous venez de poser votre main sur ma cuisse. Oui, pour la troisième fois »), ou d'une bande d'enfants surexcités par l'abus de Coca Light au moment du vin d'honneur.

Allez, bazardez-moi tout ça. Les rites sacrés comme les célébrations païennes me donnent des envies de hard-rock. Un petit esclandre avec guitare électrique lancée dans la foule et un pogo improvisé comme aux plus beaux temps du punk de caves désaffectées, ça donne un tout autre relief à la cérémonie des vœux.

Et pourquoi limiter nos pulsions dionysiaques aux épousailles ? Personnellement, il n'y a rien qui me donne plus envie de boire qu'une kermesse de fin d'année à l'école primaire Paul-Valéry de Fontenay-en-Rigole. Un peu de punch dans le verre de jus d'orange et c'est parti. Et puisqu'on en est à se faire des confidences, je peux bien le dire : on fait vraiment beaucoup trop de manières avec les enterrements. Les têtes de trois kilomètres, les vêtements tristes et les discours nostalgiques… Pensez à bien cirer vos chaussures, m'est avis qu'il est temps de mettre un formidable coup de pied dans toutes ces fourmilières.

Conseils

- *Tenues :*

— Pour un mariage classique :

Qui dit mariage dit robe de mariée. Des décennies d'éco-féminisme, du port du jean aux poils sous les bras, mais on s'arrache encore les cheveux sur les contours d'une robe qui vous coûtera le plan épargne logement de vos futurs enfants et ne sera portée qu'une seule et unique fois. Taille idéale, port d'un voile ou non, usage de la traditionnelle jarretière… Pour les convives, c'est encore pire. Surtout, que personne d'autre que la mariée ne porte de blanc ! Imaginez qu'on vous confonde avec elle ! Un monde gouverné par les réseaux sociaux, les photos de vacances et les tags tous azimuts, mais il y aurait encore des gens capables de se rendre à des mariages sans avoir idée de la tête de l'heureuse élue. Et Facebook, c'est pour les chiens ?

Au-delà de ces questions de teinte sacrée, certains experts vont même plus loin en précisant que l'invitée d'un mariage « ne doit pas être plus belle que la mariée ». On se voit déjà forcer sur le maquillage ou recouvrir ses vêtements de taches de vin pour éviter d'avoir à faire de l'ombre à la cousine Ghislaine, ou à Josselin, son fiancé, pas forcément en avance, il est vrai, pour la course au classement Miss et Mister Monde.

Un peu de cran. De toute façon, vous n'avez jamais totalement digéré cette rupture avec votre ancien amour, qui n'est autre que la personne sur le point de se faire mettre la bague au doigt. C'est donc le moment ou jamais de lui envoyer un ultime message en enfilant vos plus beaux vêtements. Chemise éclatante, costume pétaradant ou décolleté à s'en décrocher la mâchoire. Une façon de dire : « Oui, c'est à ça que tu renonces. Et surtout, tous mes vœux de bonheur. »

— Lors de votre propre mariage :

On vous a répété toute votre jeunesse que ce jour serait le plus beau de votre vie, ne passez pas le reste de votre existence à regretter d'avoir écouté les conseils beauté de votre belle-mère. Non, vraiment, serre-tête et boutons de manchette ne sont plus vraiment d'actualité. Puisqu'on marie aussi un peu l'enfant qui est en nous (« Un jour, mon prince viendra », tout ça, tout ça...) demandez-vous justement cela : comment, enfant, auriez-vous voulu célébrer vos noces ? Personnellement, le grand fantasme de mes 6 ans était de pouvoir débarquer à la mairie dans mon costume de Batman puis de débouler à l'église entourée de deux chevaliers Jedi en moto-cross. Je ne me souviens pas bien du sort vestimentaire que je réservais alors à mon alter ego, mais la première personne qui me propose une cérémonie hommage à *Blade Runner* (pour le look robotique) à *Dirty Dancing* (body corail et justaucorps) ou à l'univers de *Matrix* (le cuir, c'est cool), je l'épouse sur-le-champ.

— En cas d'enterrement :

Si la morale vous enjoint de vous tenir de carreaux pendant une fête censée célébrer l'amour et la joie, vous devez vous douter que, au moment d'une cérémonie funéraire, on ne va pas vous inviter à faire péter la veste à paillettes et les talons hauts. Et c'est bien dommage ! Parce que vous croyez vraiment que le défunt attachera une quelconque importance aux nuances de gris de votre costume ? Une vie de métro-boulot-dodo dans des tours de bureau à la climatisation défectueuse pour finir enterré par une armée de crayons à papier ? Non merci.

Si vous voulez vraiment rendre hommage à la personne décédée, demandez-vous déjà ce qui animait cette dernière de son vivant. On a vu des amateurs de paddle revêtir leurs plus jolis bermudas pour organiser une procession géante sur la mer afin d'honorer l'un des leurs (attention aux vagues quand même, ou alors vérifiez le degré de flottaison du cercueil) ou des coureurs enfiler leurs tennis pour offrir un ultime footing au défunt en se lançant à la poursuite du corbillard. On peut certainement pousser la logique encore plus loin. Que se passera-t-il lorsque Francis, votre oncle passionné de parapente passera l'arme à gauche ? Ou mieux, lorsque Katy, votre meilleure amie et fan absolue de Mylène Farmer vous implorera sur son lit de mort de convaincre sa famille d'enfiler des perruques rousses pour faire chanter tout le monde sur l'air de *Sans contrefaçon* ou de *Pourvu qu'elles soient douces* ? La procession funèbre pourra prendre alors des allures de concert posthume. L'agent des pompes funèbres se lancera dans une reprise de *Pas le temps de vivre* et on repeindra le cercueil en rouge et noir dans le plus pur style néogothique.

Je vois d'ici le faire-part de décès :

> *Grande tournée d'adieu*
> *« Nevermore pour toujours »*
> *Katy dite « la Mylène Farmer*
> *des karaokés de centre-ville »*
> *se produira une toute dernière fois*
> *en compagnie de ses proches*
> *avant de faire ses adieux à la scène*
> *(et au monde de façon générale)*
> *Qu'une nuée de fans dignes de remplir*
> *le Stade de France*
> *envahisse le cimetière de Pierrefonds,*
> *5, rue des Grandes-Oubliées, à Décimés-les-Goudebailles*

Soyez chic : respectez donc ses dernières volontés, et par pitié, n'oubliez pas de m'inviter, j'ai déjà les refrains en tête.

- *Speech :*

Bref, concis et consensuel : tel doit être le toast qu'on porte à l'intention des mariés et de leurs convives lors du traditionnel repas qui précède le bal. Long, bavard et controversé sera donc le vôtre, au point qu'on doive quasiment intervenir pour vous demander de vous taire.

De l'éloge sentimental (« Je ne connais pas ta fiancée mais j'ai toujours su que vous étiez faits pour être ensemble ») à la camaraderie nostalgique (« Vous ai-je déjà parlé de sa passion pour le Monopoly ? »), c'est encore et toujours les mêmes discours. Un peu d'originalité, ce serait trop demandé ? Des dizaines – que dis-je ? – des centaines d'oreilles vous écoutent. Alors profitez-en ! Évoquez des sujets qui vous tiennent à cœur comme, je ne sais pas, la fragilité de l'Amazonie et le réchauffement climatique (« Pendant que nous nous gavons de petits fours et de champagne, un million d'espèces menacées voient leur habitat partir en fumée »). Ne soyez pas timide. Entre l'attente devant la mairie et le vin d'honneur, vous avez eu suffisamment d'occasions d'exercer votre maîtrise du *small talk**. Il est grand temps, désormais, d'évoquer les sujets qui fâchent ! Rappelez donc les résultats de la dernière élection présidentielle : la désunion de la gauche, la montée inexorable de l'extrême droite ; autant de thèmes propices à pimenter un peu cette soirée. C'est votre meilleur ami qu'on marie, rendez hommage à son tempérament de feu !

Par ailleurs, meilleur ami… c'est vite dit ! Des années passées dans l'ombre de cette personne ambiguë, à écouter ses histoires de cœur et à faire le compte de ses infidélités, de ses mesquineries et de ses trahisons… Tout cela devrait vous inciter à alerter son futur partenaire ! Et à dresser, devant l'ensemble des témoins, un portrait sans concession de ce danger public. Surtout ne vous gênez pas ! Trop de couples se sont bâtis sur des non-dits et des malentendus. Il en va de votre devoir de dire la vérité, même si elle est difficile à entendre (« Nous le savons tous les deux, la personne que tu épouses n'était pas ton premier choix »). L'alcool aidant, votre voix portera de plus en plus, vos formules se feront plus incisives, plus percutantes (« Ah ça, c'est sûr que tu ne t'embarrasses pas avec la monogamie ! »). Si vous parvenez à réveiller jusqu'au vieil oncle endormi en bout de table, ce sera gagné. Mais repérez quand même l'issue de secours la plus proche au cas où le père de la mariée s'empare du couteau à gâteau avant que vous n'ayez terminé votre petite allocution.

---

* Je ne peux que vous conseiller la lecture de *Small Talk. Le guide qui vous apprend à parler (surtout quand vous n'avez rien à dire)*, écrit par votre serviteur B.F. Valdugrain.

- *Cadeaux :*

Parce qu'un mariage ne serait rien sans ses traditionnelles listes de cadeaux, jamais respectées par des convives qui semblent systématiquement se donner le mot pour offrir l'objet le plus inutile et le plus encombrant possible (« Une moustiquaire, mais quelle idée charmante ! »). Parce que vous avez vous-même perdu trop de temps à chercher LE présent qui vous permettra de faire oublier vos précédentes fautes de goût (« Alors, je ne dirais pas que c'était forcément *déplacé* ou *inapproprié* mais… sérieusement, un *vibromasseur* ? »). Je vous invite à noter dans le pense-bête qui suit les trois pires cadeaux qu'on vous a jamais offerts lors d'un mariage, d'un anniversaire ou de quelque fête que ce soit – pour des raisons qui semblent évidentes, les enterrements ne sont pas concernés.

Top 3 des pires cadeaux reçus :

1) ....

2) ....

3) ....

Alors, ça ne vous donne pas des idées de vengeance ?

AOÛT

Réserver un aller simple vers l'absurde

Ce que les agences de voyage attendent de vous

Enfin les vacances ! Vous les avez attendues toute l'année. Dans votre bureau, une carte postale de La Réunion aura livré duel des semaines durant avec un calendrier consacré aux plus belles îles grecques. Ce mois d'août ne sera que luxe, calme et rougails saucisses (oui, les tropiques ont votre préférence). C'est promis, cette fois, vous levez le pied. Quelques visites, quelques rencontres, mais surtout, vous vous dé-ten-dez, vous profitez de votre temps libre pour flâner, pour dormir… Loin de l'agitation urbaine, vous allez quitter le monde des fous pour de bon, vous allez vivre dans la nature, loin de la pollution. Oui, comme avec Pierpoljak, charmant chanteur blanc à dreadlocks – qui a dit « ultra ringard » ? – échappé des si créatives années 1990. D'ailleurs, vous avez écouté vos meilleures playlists de vacances pour vous mettre dans l'ambiance plusieurs semaines avant le grand départ. Et si vous n'avez pas eu le temps, voici un aperçu de ce qui pourrait bientôt résonner à vos oreilles et à celles, consentantes ou non, de votre entourage.

Alors à vous les soirées endiablées et les crises d'acouphènes !

Avertissement

Attendez une minute ! Avant de vous lancer dans une reprise personnalisée de La Compagnie créole, vous avez pensé à acheter de la crème solaire ? Et votre valise, elle est bouclée ? Et le visa ? Ça me rappelle que vos vaccins ne sont probablement pas à jour… Aïe, aïe, aïe, ça ne va pas être simple de trouver un rendez-vous chez le médecin un 15 août, à la veille de votre départ !

Rassurez-moi, vous avez tout de même pris le temps d'acheter un guide de voyage ? Les meilleures destinations, les meilleurs restaurants, les meilleures adresses ? Vous vous voyez revenir au bureau en septembre sans avoir fait

LA PLAYLIST INCONTOURNABLE DES VACANCES

1.

Chansons spéciales karaoké

à chanter avec un accent à couper au couteau

Volare – Gypsy Kings

Rivers of Babylon – Boney M.

Shape of You – Ed Sheeran

2.

Chansons pour apéros nostalgiques

et autres tubes qui n'auraient pas dû survivre aux années 1990

Barbie Girl – Aqua

Soirée disco – Boris

Chacun sa route – Tonton David

3.

Chansons que les gens font mine de redécouvrir mais qu'on entend dans toutes les fêtes à chaque été

Un refrain de plus et je te jure qu'on fait nos valises

J't'emmène au vent – Louise Attaque

Happy – Pharrel Williams

Toxic – Britney Spears

4.

Chansons qu'on donne à chanter aux enfants pour des raisons inexplicables à tous les spectacles de fin de vacances

Non mais vous avez écouté les paroles ?

Moi... Lolita – Alizée

Fruit de la passion – Francky Vincent

Big Bisou – Carlos

5.

Chansons festives pas nécessairement adaptées à l'avènement de la culture woke

Ils ne connaissent pas Sandrine Rousseau au Club Med ?

Saga Africa – Yannick Noah

Mélissa – Julien Clerc

Sea, Sex and Sun – Serge Gainsbourg

6.

Chansons « coucher de soleil inoubliable » qui seront toujours dans votre cœur

Parce que oui, au fond, vous avez un cœur

Le Coup de soleil – Richard Cocciante

Derniers baisers – Laurent Voulzy

Summer Girl – Haim

le tour des attractions incontournables ? Quand vous allez retrouver vos collègues de travail, vous allez leur dire quoi ? Que vous avez passé des vacances « tranquilles » ? Que vous ne vouliez surtout pas vous « stresser » ?

Parce que vous croyez que vous êtes ici pour vous reposer ? On ne se repose pas, en vacances. On se lève tôt pour visiter les cathédrales. On s'équipe pour gravir les volcans en activité. Quand viendra l'heure fatidique de reprendre le travail, on ne vous pardonnera pas – *vous* ne *vous* pardonnerez pas – d'avoir pris ces moments à la légère. Sitôt passé le rituel des cadeaux souvenirs, terminée la distribution aux collègues des petites sculptures « authentiques » fabriquées à 5 millions d'exemplaires dans une usine à l'autre bout du globe et achetées à la hâte au comptoir duty free de l'aéroport, il faudra bien affronter la quantité astronomique de mails en retard. Ne nous dites pas, à ce moment-là, que vous manquez d'énergie. Vous en aurez eu, du temps, pour souffler et pour faire le vide. Vous étiez en vacances, oui ou non ?

Ce que vous allez faire

Déjà, commencez par mettre au rebut tous ces guides de voyage qui encombrent vos étagères. Un minimum de lucidité vous manque pour comprendre que ce guide « Russie occidentale 2002 » ne vous sera pas forcément utile cette année, pas plus que votre Routard Angleterre-Pays de Galles 2014 : depuis le Brexit, la moitié des lieux cités ont fait faillite. Franchement, si ce que vous cherchez, ce sont des destinations « alternatives », le seul guide que vous méritez de conserver est celui que vous tenez entre les mains. Pas besoin de faire fondre votre livret A ou de braquer le Naturalia d'en face, les voyages siglés Valdugrain Airlines sont parmi les moins coûteux du marché.

Première destination : rester chez soi.

Oui, chez soi. Repérez tout d'abord la pièce la plus froide et la plus impersonnelle de votre logement. Les halls d'entrée traversés par les courants d'air font en général l'affaire, mais les cagibis ou les dressings peuvent représenter une excellente solution de rechange, à condition d'avoir fait un peu de rangement au préalable.

Installez-vous donc avec votre famille. Vous voici dans votre vrai faux hall de départ d'aéroport. Attention, pour plus de crédibilité, pensez à vous y rendre deux bonnes heures à l'avance, sans rien avoir prévu pour vous sustenter ou pour occuper vos enfants. C'est le moment d'entamer votre première dispute de départ en vacances avec votre conjoint (« Non mais vraiment : un vol Paris-Berlin-Dijon-Bamako de… 36 heures ! Il n'y a que toi pour dégotter des voyages pareils ! »), tout en gardant un œil stressé sur les portes d'embarquement (celles du placard à balais donc) et sur l'attitude des autres voyageurs, représentés par de grands manteaux d'hiver.

À l'heure d'embarquer, précipitez-vous, le passeport à la main, jusque dans votre salle de bains. Si, si, votre salle de bains. Croyez-le ou non, c'est l'endroit rêvé pour représenter la seconde classe d'un avion low cost. Installez-vous comme vous pouvez dans votre douche ou sur le rebord de votre baignoire sabot (vos enfants, ces ingrats, ont déjà pris la partie la plus confortable) et préparez-vous pour le décollage. Vous avez tout juste le temps d'attraper l'un de ces flacons de parfum à moitié vides qui encombrent votre armoire à pharmacie pour commencer à les agiter sous le nez de votre famille. Car que serait un vol low cost sans ses hôtesses et stewards au sourire mécanique prêts à tout pour vous vendre des parfums soi-disant détaxés ou des cartouches de cigarettes à la provenance douteuse ?

Quand vous en aurez assez d'imiter le bruit des réacteurs avec un sèche-cheveux, sortez de là et passez directement à l'étape de la récupération des bagages. Je sais que vous avez une folle envie de mimer une arrivée sur un continent étranger avec descente grandiloquente de la passerelle d'atterrissage (« Bonjour la Polynésie ! ») mais l'heure tourne et de toute façon, ce « voyage » vous a bien fatigué, il est plus que temps de rejoindre votre chambre à couch… pardon, votre chambre d'hôtel !

Il vous faudra au préalable avoir pensé à programmer la climatisation à fond. Là encore, il en va de la crédibilité du périple. Si entre l'air conditionné de l'avion et la clim de l'hôtel, vous n'attrapez pas un rhume au bout de vingt-quatre heures, c'est clairement que vous avez raté une étape. Dans le cas où vous ne posséderiez pas de système de refroidissement d'air, faites l'inverse : en réglant tous vos chauffages à fond vous donnerez à votre logis des allures de cahute tropicale écrasée par une chaleur torride. Vous pourrez bien sûr ouvrir les fenêtres de temps à autre pour faire entrer un peu de fraîcheur, mais pas trop longtemps, de crainte de voir débarquer des hordes de moustiques. Pas besoin d'imagination pour ça, avec le réchauffement climatique, les étés en France ressemblent désormais de plus en plus à des expéditions sur la rivière amazonienne.

Cela étant, vous n'avez pas vécu tout ça pour vous contenter de deux ou trois selfies depuis le lit conjugal. Vous, ce qui vous intéresse, ce sont les trésors culturels du pays visité, les paysages insolites, les expériences extrêmes… Bref, vous voulez aller à la plage. Vous pourriez alors vous contenter d'installer une ou deux serviettes de circonstance sur la moquette du salon, en disséminant çà et là les vestiges du bac à sable que vous avez été piller la semaine dernière dans un square, mais enfin, vous êtes capable de faire beaucoup mieux.

Levez-vous et allez dégotter quelques complices parmi les voisins encore présents en cette saison. À la première famille que vous surprendrez à faire du canoë-kayak dans une bassine au milieu de sa cuisine, ne cherchez plus, donnez-lui rendez-vous dans le jardin partagé du quartier ou au beau milieu de votre cour d'immeuble : le grand moment de vos vacances commence. Dépêchez-vous de sortir serviettes, paréos et autres glacières pleines à craquer et d'installer tout ce bel attirail à une distance raisonnable (dix centimètres maximum) de vos riverains estivaux, et incitez négligemment vos enfants à entamer un petit football au milieu des serviettes. Si vos voisins finissent par décaler leurs affaires en se plaignant du sable soulevé par ce trop-plein d'activité, vous avez gagné : la plage, souvenez-vous-en, n'est rien d'autre qu'une guerre de position.

Il ne vous reste plus qu'à profiter de la vue. Dans cette cour d'immeuble, entre les pots de fleurs assoiffées et les bacs de tri à couvercle jaune, vous éprouverez peut-être quelques difficultés à retrouver les sensations de votre séjour passé aux Seychelles. Ce serait compter sans le ravissant string bikini porté par votre voisine de palier ou sur les pectoraux saillants de son sympathique époux. Tout en vous rinçant l'œil, n'oubliez pas de glisser à l'oreille de votre conjoint quelques piques moqueuses à leur encontre (« Non mais il se croit à la salle de sport ou quoi ? » ; « Et son maillot, quelle vulgarité ! »). Vous vous éviterez ainsi une scène de jalousie des plus désagréables et souderez votre couple pour le reste du séjour.

Seconde destination : le *dark tourism*.

Si ce terme vous évoque principalement une bande de chevaliers Jedi passés du côté obscur de la Force, vous allez au-devant de terribles déconvenues. En l'occurrence, on serait nettement plus proche d'*Apocalypse Now*. Une fascination pour les paysages de forêts incendiées au napalm ou un faible pour les monuments fracassés par des obus datant de la Seconde Guerre mondiale ? Ou, plus prosaïquement, une nostalgie non avouée pour les parcs d'attractions dévastés et abandonnés suite au passage d'un ouragan ou d'une catastrophe nucléaire ? Ne vous cachez plus : vous pourriez bien représenter l'aficionado typique du *dark tourism*.

Pas de honte, même si ce n'est pas forcément ce hobby que vous devriez mettre en valeur sur votre profil Tinder (« Hey ! Trop sympa la photo d'Hiroshima ! »), il semble que cette pratique culturelle rencontre un succès grandissant. En témoignent les nombreux sites internet qui ont émergé ces dernières années. Le premier d'entre eux est le très encyclopédique https://www.dark-tourism.com avec son webdesign tout de sombre dominant, faisant passer la visite du mémorial de Drancy pour une après-midi au parc Astérix, et ses rubriques associant chaque pays du monde aux catastrophes qui s'y sont produites. On y apprend que les vestiges militaires de la Somme, de Verdun et des plages du débarquement sont parmi les destinations françaises les plus prisées par les *dark tourists*, lesquels voyagent ainsi à travers le globe pour rejoindre, ici une prison cambodgienne datant du régime des Khmers rouges, là un goulag kazakh à la mémoire de l'empire soviétique, quand ils ne s'offrent pas les services d'un petit *tour-operator* au milieu des favelas brésiliennes ou au milieu des cartels de Medellín. Frissons garantis.

Que voulez-vous ? Certaines personnes sont fascinées par les voitures de collection, d'autres par les tueries de masse. Tous les goûts sont dans la nature, comme disait Hannibal Lecter.

SEPTEMBRE

Laisser tomber l'éducation des enfants

Ce que la pédagogie attend de vous

Quel plaisir que de retourner à l'école ! Toutes ces années passées à sursauter au gré des humeurs de vos professeurs et des dynamiques de groupe ont laissé en vous un souvenir indélébile. C'est donc avec une certaine excitation que vous vous rendez, ce jour de septembre, devant la nouvelle école maternelle de votre enfant, lequel, assurément, vous suit avec le même enthousiasme que celui qui jadis guidait vos pas. Ah ça fait chaud au cœur ! Toutes ces petites têtes blondes qui se ruent vers ce qui sera désormais l'épicentre de leur éducation. Vous les regardez avec bienveillance, et une certaine exigence aussi. Car chaque enfant est pour le vôtre un allié potentiel sur le chemin de la réussite sociale, et déjà, de la réussite économique – ces choses-là prennent racine dès la plus tendre enfance – mais aussi un modèle.

Prenez la petite Cassandre, là, sagement postée entre ses parents et la nouvelle institutrice. Dans son uniforme blanc et bleu et ses chaussures finement lacées, elle fait déjà forte impression, hochant la tête lorsque sa mère lui adresse la parole, et souriant, confiante, aux autres enfants. Elle est douée, Cassandre, c'est ce que ses parents ne cessent de répéter avec fierté. À deux ans et huit mois, elle sait déjà compter jusqu'à (CAC) 40 et parle quasiment trois langues : le français évidemment, même si elle fourche encore sur le subjonctif ; l'anglais, preuve que l'argent dépensé dans ce stage de perfectionnement linguistique dans les îles anglo-normandes valait son pesant de livres sterling ; et le chinois, de façon plus rudimentaire, mais ça avance, ne soyons pas non plus trop exigeants avec cette jeune fille.

Un ballon passe tout près de cette future présidente de la Commission européenne et manque d'ébouriffer ses macarons. C'est celui de Jules-Néron, petit garçon plein d'énergie qui déboule comme une fusée sous vos yeux ébahis. Nulle trace de parents pour canaliser cette tornade, Jules-Néron se rend à l'école en autonomie, prépare seul cartable et goûter tandis que ses parents vaquent à leurs occupations. Il a acquis la confiance de ses aînés à force d'exercices d'orientation en forêt : dès son plus jeune âge, Jules-Néron savait faire la différence entre un sapin ciguë et un autre de type Nordmann et il a appris très tôt à monter un bivouac et à réparer une lampe de poche. Le temps de récupérer son ballon, il a déjà repéré deux ou trois trottinettes au roulement défectueux qu'il se fera un plaisir de réparer quand il aura fini d'escalader le lampadaire devant l'école.

Des modèles, on vous dit. Alors, vos enfants sauront-ils se montrer à la hauteur ? Et vous, surtout, vers qui les regards des autres parents se tournent, curieux qu'ils sont de savoir quel type d'éducation vous privilégiez... Vous êtes plutôt dans une tendance autoritarisme bienveillant, pragmatisme montessorio-dirigé ou autonomie libéralo-macgyverienne* ?

Ce que vous parviendrez peut-être à faire (malgré votre manque de sommeil)

D'abord, vous allez essayer, pour commencer, d'arriver à l'heure ; un objectif qui ne semblait pas si simple à atteindre lorsque votre réveil a sonné pour la cinquième fois ce matin et que vous avez senti la main humide de feutres de couleur de votre enfant s'abattre sur votre front. Il vous a fallu toute l'énergie du monde pour sortir de ce lit où vous aviez fini par accueillir votre progéniture, cet être hybride à mi-chemin entre un Pokémon surmotivé et un kangourou sous amphétamines, et dont la principale activité nocturne semble consister à sauter sur son lit en riant à pleins poumons. Qui n'a pas tenté de faire dormir un enfant de deux ans et demi une veille de rentrée des classes ne mesure pas l'extrême capacité de résilience de l'âme humaine.

C'est pourtant le même enfant qui désormais s'agrippe à vos jambes devant l'école en pleurant toutes les larmes de son corps pour ne pas rejoindre l'impressionnant établissement. Il prend à témoin les différents parents et lève vers eux des yeux implorants. Méfiez-vous quand même : la dernière

* Du nom de ce courant de pensée inspiré par le célèbre pédagogue américano-allemand Angus Celestin MacGyver, inventeur notamment du concept de « super débrouille encyclopédique ».

fois que votre prodige s'est livré à un tel esclandre, tout ça parce qu'il ne voulait pas quitter le jardin pour enfants, vous avez dû expliquer à deux imposants gardiens de square alertés par une vieille dame un peu soupçonneuse que vous ne l'aviez pas kidnappé pour le livrer à un soi-disant laboratoire extraterrestre.

Allez, réjouissez-vous ! Votre chérubin a de l'imagination et une sacrée dose d'énergie à revendre. Il n'est peut-être pas aussi exemplaire que Cassandre, ni débrouillard comme Jules-Néron, mais sa capacité à vous faire tourner en bourrique laisse entrevoir chez lui un sens évident de la psychologie. Certes, vous devrez affronter les regards désapprobateurs des autres parents. Certes, pendant que vous fouillerez dans votre sac, à la recherche de la troisième version de son doudou préféré, votre enfant en profitera certainement pour se carapater avec la trottinette customisée de Jules-Néron, manquant de provoquer un triple accident de voitures et la chute de deux cyclistes.

Mais enfin, il faut bien que jeunesse se passe ! Si vous aviez voulu élever des angelots ou des bêtes à concours, c'est dans une église ou au salon de l'agriculture que vous auriez dû vous rendre. De toute façon, il paraît que les plus grands talents puisent leur énergie dans les péripéties de la jeunesse. Alors suivez mes conseils : nous allons faire de votre progéniture un Beethoven de la cour de récré.

Conseils

- *Mode :*

Une rubrique qui porte bien son nom, tant les sorties de classe prennent parfois des allures de fashion week. Entre les duos parents enfants BCBG et les bambins à joggings fluo et baskets ultra-stylisées dignes des plus avant-gardistes artistes berlinois, vous avez intérêt à vous lever tôt si vous ne voulez pas faire honte à votre descendance. On a compris que vos nuits étaient courtes, pas de chance. Alors, pendant que vous roupillez le nez dans votre bol de céréales, optez pour la bonne vieille méthode du « ce matin, c'est toi qui choisis tes propres vêtements ». Vous permettrez ainsi à votre enfant d'affirmer sa créativité. Après, ne vous étonnez pas si votre top-modèle préféré débarque à l'école en simple maillot de bain ou au contraire avec une dizaine de pulls décousus sur le dos.

- *Réunions :*

Qui dit scolarité dit longues et inoubliables rencontres entre parents et professeurs. Ne tentez pas de vous défiler, votre conjoint a déjà assisté aux trois dernières réunions et vous avez perdu la bataille de pierre-feuille-ciseau décisive pour savoir qui serait d'astreinte pour la prochaine. Prenez votre mal en patience et révisez vos éléments de langage avec ce très documenté Bingo, disponible à la page suivante.

- *Transports :*

Certes, l'école représente un défi pour les parents, mais l'expérience du retour de vacances en train en est un autre, au moins aussi exigeant pour votre self-control. Vous avez apprécié la plainte pour tapage nocturne de votre voisin de palier ? Vous adorerez les regards courroucés et les soupirs exténués des autres voyageurs prêts à vous sauter à la gorge au moindre bruit que fera votre enfant. Au fond, vous ne savez pas ce qui les irrite le plus entre les bruits de bouche émis par votre progéniture et les « chut » que vous soufflez toutes les quinze secondes pour lui demander de se taire.

Simplifiez-vous la vie : arrêtez de lutter contre des moulins à vent (lesquels ont le mérite, au moins, de ne pas faire de bruit). C'est un peu comme la méthode du paquet de bonbons au cinéma : mieux vaut l'ouvrir d'un coup que de triturer son « ouverture facile » pendant les vingt premières minutes du film. Vos enfants prennent ce wagon studieux pour une attraction du parc Astérix ? Laissez-les se défouler. Avec un peu de chance, ils se lasseront vite de jouer avec les plafonniers ou de pousser des bruits de bovin à chaque fois que le train croisera un troupeau de vaches.

Cela étant, rien ne vous interdit de vous mettre à la place de vos congénères. Je ne hausse pas les sourcils à chaque fois qu'un bébé pleure à quelques mètres de mon fauteuil, mais si votre enfant s'amuse encore une fois à faire claquer sa tablette derrière mon oreille, je vous jure qu'il m'entendra jusqu'au bout du wagon-bar.

BINGO **des réunions parents-profs**			
« C'est un enfant très actif – dommage qu'il soit autant absent. »	« Mme “Pète-un-coup” ? Ah non, il n'a jamais employé ce surnom à la maison. »	« J'étais très sceptique les premiers jours. Les derniers jours aussi, vous me direz. »	« Je ne dis pas que la pratique du sport n'est pas utile, mais pas forcément en SVT. »
« Voyez-vous, je ne considère pas comme mes collègues que votre enfant soit absolument irrécupérable. »	« Désolé mais ma fille n'a pas à recevoir d'ordre d'une vieille pimbêche réactionnaire ! »	« Je vous rends donc son carnet de correspondance ainsi que le billet de 50 euros glissé à la page des absences. »	« C'est drôle, j'ai toujours cru qu'il exagérait en parlant de vous… mais en fait non. »
« Vous savez, nous n'attachons pas vraiment d'importance au fait qu'il soit le meilleur élève de sa classe – et de loin. »	« Avez-vous songé que les *Pensées* de Pascal, pour une classe de CE2, c'était un peu raide ? »	« Je comprends bien ce qu'est un objet transitionnel, mais au lycée, on ne vient plus avec son doudou en cours. »	« Avant tout, excusez-moi pour tout à l'heure, je vous ai vraiment prise pour une des camarades de mon fils. »
« Oui, j'ai bien reçu votre lettre de menaces. Pour autant, non, je ne “boosterai” pas, comme vous dites, la moyenne de votre enfant. »	« D'abord, toutes mes condoléances pour feu votre mère. Décéder comme ça, trois fois de suite, ça doit être terrible. »	« Eh bien, je vois d'où votre fils tient son très caustique sens de l'humour. »	« Quoi que tu en penses, notre fâcheuse aventure passée n'a rien à voir avec les notes catastrophiques de ta fille. »
« J'aurais aimé vous faire asseoir, mais comme votre enfant a désossé l'ensemble du matériel… »	« Tu préviendras quand même tes parents que pour une réunion parents-profs, la présence des parents est obligatoire. »	« Je ne dis pas que sa maîtrise de Baudelaire n'est pas impressionnante, mais s'il pouvait éviter de signer les poèmes de sa main… »	« Eh bien, de toute évidence, ce n'est pas ici que ma fille apprendra le goût des jolies choses ! »
« Cette enfant est tellement douée, je la ferais redoubler juste pour la garder près de moi ! »	« Désolé pour le désordre, certains parents ne sont pas très ouverts à la critique. »	« Certes, ses progrès sont notables. Mais vous conviendrez qu'on revenait de loin ! »	« Alors c'est ça, une salle de classe ? »

- *Culture :*

On peut parfois ressentir une forme d'embarras en discutant avec des parents dont les enfants semblent sur le point de rallier le jury du prix Goncourt, quand le nôtre refuse toute autre lecture que *Popi Magazine* (« Chic ! Encore un numéro spécial petits pots ! »). Au fond, comme avec les vêtements, laissez donc vos enfants choisir leurs propres lectures. Il n'y a rien de plus irritant qu'un adulte assénant un définitif « c'est pas de ton âge » à un gosse, juste avant de lui confisquer le dernier manga à la mode pour aller le lire discrètement aux toilettes. Si votre fille préfère Angèle à Maria Callas ou *Les Cahiers d'Esther* aux *Petites Filles modèles*, ce n'est pas forcément une mauvaise nouvelle. Après, rien ne vous oblige non plus à laisser traîner partout vos Stephen King et cette anthologie sans équivoque de Milo Manara. Ou n'allez pas vous plaindre ensuite que vos préados ne trouvent toujours pas le sommeil.

OCTOBRE

Booster mon couple sans fleurs ni régime minceur

Ce que les comédies romantiques attendent de vous

« Aimer, c'est ce qu'il y a de plus beau », chantaient les enthousiastes Roméo et Juliette, dans l'inoubliable comédie musicale des années 2000. Et qui pourrait dire le contraire ? Certainement pas vous, qui vous réveillez chaque matin de bonne heure pour préparer avec ferveur le petit-déjeuner de votre tendre partenaire. Vous connaissez toutes ses envies, tous ses besoins, vous anticipez même ses désirs non formulés, et c'est par la grâce de cette émouvante érudition que vous prenez le chemin de la cuisine pour aller préparer ce très impressionnant et zélé petit-déjeuner romantique inspiré des meilleures spécialités mondiales et dont nous avons l'honneur de livrer ici le détail :

Menu du meilleur petit-déjeuner du monde

Deux tranches fines de crêpes hollandaises servies
avec le traditionnel sirop de fruits caramélisés
dit « stroop »

Trois morceaux de kielbasa *– des saucisses polonaises –*
agrémentés de concombre à moitié épluché
et d'un bol d'œufs brouillés

Une tartine de pan con tomate *façon catalane*
pour accueillir le meilleur des jambons ibériques

Un baghir – délicieux chausson marocain – qui accueillera comme il se doit votre chutney maison

Un morceau de croissant pour tremper dans une tasse de cappuccino (magie du cappuccino e cornetto)

Diverses tranches de mangue tout droit importée des Philippines

Une infusion de maté argentin

Du poisson blanc épicé à la menthe thaïlandaise ou de la saucisse de caribou façon Grand Nord (ça dépend des préférences gustatives)

Du ceviche péruvien : fruits de mer et poissons crus marinés dans un jus de citron assaisonnés au piment rouge – croyez-moi, ça réveille.

Un bol de porridge agrémenté de sucre brun, de raisins secs et d'une poignée de noix grillées à l'islandaise : le légendaire Hafragrautur (à chuchoter à l'oreille de l'être aimé)

Ça fait beaucoup, certes, mais l'amour est à ce prix. À la rigueur, si vous n'avez pas de quoi préparer le porridge, remplacez l'ensemble par un bol de Chocapic.

Ce que vous allez faire

Du porridge et des crêpes hollandaises ? Et pourquoi pas des huîtres au caviar ? Vous avez pris votre garde-manger pour les cuisines d'un grand palace ou quoi ? Personnellement, j'ai mesuré les limites de l'amour courtois le jour où, me rendant chez le fleuriste pour célébrer la Saint-Valentin, j'ai surpris ledit fleuriste « faire catleya » avec celle que je croyais être la femme de ma vie, ou, pour rester dans les métaphores proustiennes, à « remett(re) droites les fleurs de (son) corsage ». Pour le dire autrement : j'avais eu beau jouer les princes charmants et cocher toutes les cases du petit ami attentionné idéal, j'étais cocu (c'est bien joli, Proust, mais à un moment, il faut savoir appeler un chat un chat). Alors quoi ? Fallait-il déserter pour autant le terrain de la galanterie et des petites attentions pour se muer en monstre froid de calcul et d'égoïsme ? Plutôt Jane Birkin et Serge Gainsbourg (« Je t'aime ! – Moi non plus ! ») que Whitney Houston et Kevin Costner (« And I will always love you ! ») ?

Désolé de vous décevoir, mais la vie conjugale, avec ses disputes incessantes, ses concessions impossibles et ses vexations incompréhensibles, c'est vraiment tout sauf une comédie musicale. C'est une histoire de balles qu'on se renvoie inlassablement ; ce sont des compromis qu'on obtient de haute lutte ; ou un budget qu'on tente coûte que coûte de mettre en place. C'est du sport, de la politique et de l'économie. Alors oubliez les bouquets de fleurs, et, s'il vous plaît, les fleuristes – ceux-là, on ne peut vraiment pas leur faire confiance.

Conseils

- *Sport :*

On n'évitera pas la métaphore tennistique. Avec toutes ces répliques qu'on s'envoie tels d'authentiques coups droits slicés : tantôt chaleureuses (« Tu es ravissante aujourd'hui ! – Je te retourne le compliment ») ou tantôt acerbes (« Tu pourrais m'aider avec le linge ! – Tu ne crois quand même pas que je vais ramasser tes chaussettes sales ? »), la vie de couple prend rapidement des allures de finale sur le court central de Roland-Garros.

Mais de nombreux autres sports peuvent nous enseigner quelque chose sur la conjugalité. Ainsi du rugby, qui contrairement à l'image qu'il véhicule ne consiste pas uniquement à foncer tête baissée sur son adversaire – attitude qui, rappelons-le, est absolument proscrite dans le cadre intime – mais mobilise en réalité un véritable sens de la stratégie et de l'occupation de l'espace. Souvenez-vous de seulement cinq minutes des longues heures de discussion pour déterminer la place de la petite commode familiale ou de l'immonde nature morte que votre conjoint voulait absolument accrocher au mur (« Comment ça, “derrière la porte du cagibi, on ne la verra jamais” ? »). Vous conviendrez alors qu'un emménagement improvisé, ça peut être aussi orageux qu'un *crunch* du tournoi des Six-Nations.

Si vraiment votre moitié n'aime pas les jeux de balles, privilégiez les sports de glisse. Voici les avantages de s'adonner à la passion de la glisse en couple : se motiver l'un l'autre, ne pas se prendre la tête sur la prochaine destination de vacances (pas en Auvergne, donc) ou de porter sa planche à deux – si ça, ce n'est pas une belle métaphore de l'entraide conjugale ?

Après, forcément, si vous êtes allergique au soleil, aux grains de sable dans les fesses et aux soirées barbecue-saucisses-bières tièdes, optez plutôt pour le golf, vous siroterez des Martinis frais sur une pelouse bien verte et le temps que l'autre imbécile retrouve sa balle envoyée à des kilomètres à la ronde (« Tout le monde ne s'appelle pas Tiger Woods, hein, mon doudou ? »), vous pourrez terminer la lecture de la biographie de Serena Williams.

- *Politique :*

« Tout est question de sexe, disait Frank Underwood. Sauf le sexe. Le sexe, c'est une question de pouvoir. » On n'a pas forcément à suivre à la lettre ce principe édicté par le très peu recommandable président américain de la série *House of Cards*, lequel plagiait un certain Oscar Wilde. Et cependant, sans forcément considérer la moindre étreinte comme une bataille de positions, on peut tout de même admettre que certaines situations intimes mobilisent autant nos capacités de négociation et notre science du consensus qu'un sommet du G7.

Comme il y a une diplomatie des gestes préliminaires (« Si je peux glisser ma main sous son tee-shirt, cela veut-il dire que je peux déboutonner son pantalon ? »), il existe une véritable politique de la vie conjugale. En témoignent les soirées à parlementer afin de décider dans quelle famille vous passerez les prochaines fêtes de fin d'année. Ou ces concessions que vous ferez, l'air gracieux, devant votre poste de télévision (« OK, pour regarder *Koh-Lanta* ce soir, mais demain, hors de question de manquer *Le Bureau des légendes* »), afin de préserver l'harmonie familiale.

Même dans les relations amicales qui gravitent autour de votre binôme, celles-ci prennent parfois des allures de congrès socialiste, lorsqu'il s'agit par exemple de prendre parti pour tel ou tel membre du couple (« C'est clair qu'il a grave déconné sur ce coup »), de former de nouvelles alliances (« Toi qui la connais depuis toujours, franchement, tu ne voudrais pas lui en toucher un mot ? ») ou de chercher, parfois, un accord (« OK, c'était pas super fin comme réaction, mais honnêtement, tu ne l'aurais pas recouvert de terreau, toi, le fleuriste ? »). L'amour, terre d'élections plus difficiles à remporter que la plus terrible des campagnes présidentielles. Et la cohabitation comme norme. Vous avez intérêt à vous mettre d'accord sur les programmes !

NOVEMBRE

Faire exploser mon empreinte carbone

Ce que les Manchots empereurs attendent de vous

Honte à vous, égoïstes écocides qui chaque jour profanez notre belle planète ! Vos douches matinales, vos fraises hivernales et vos terrasses chauffées mettent en péril l'équilibre de Gaïa, notre terre nourricière. Les experts sont unanimes, des gestes quotidiens comme respirer, utiliser du déodorant, du maquillage ou laisser traîner des épluchures d'orange peuvent contribuer à la formation de composés volatils néoformés. Vous avez entendu ? Des « composés volatils néoformés » ! Autrement dit : des déchets nocifs pour la qualité de l'air ! Alors posez-moi cette tomate aux OGM tout de suite, et faites-moi le plaisir de cesser de respirer. Il en va de votre devoir citoyen.

Ah ! On a bien rigolé toutes ces années, dans l'insouciance et les ampoules à basse consommation tellement pratiques pour éclairer notre bonne conscience. Et vas-y que je partage cette blague sur Internet, vas-y que je transfère un mail de plus 4 Mo à tous les membres de ma famille, juste comme ça pour se marrer. Merci bien, les amis ! Vous n'imaginiez pas les terrifiantes conséquences de votre acte lorsque vous avez partagé cette vidéo d'un chaton en train de jouer du piano, n'est-ce pas ? Je vois d'ici le directeur de cabinet et les cinq conseillers parlementaires de la ministre de l'Écologie réunis en cellule de crise pour trouver une solution.

« Les gars, Mme Martin a encore posté une vidéo de son animal de compagnie.

– Celle qui a un chien hilarant qui s'endort tout le temps ? Elle va encore entraîner des milliers de pièces jointes.

– Je sais. La planète ne s'en remettra jamais. Il faut absolument régler cette crise au plus vite.

– Peut-être que la ministre pourrait faire une nouvelle déclaration sur BFM TV ?

— Vous allez trop loin, Gratien. Vous êtes beaucoup trop radical pour ce ministère. »

Il va en falloir, pourtant, de la radicalité, pour changer vos mauvaises habitudes. Des actes forts. Des sacrifices. Vous devez garder tout cela en tête lorsque vous emprunterez la Twingo diesel de mémé Michelle pour prendre la route des vacances. Car, non, désolé, ce n'est pas parce que vous n'avez pas les moyens de vous offrir une croisière à bord du *Wonder of the Seas*, *a.k.a* le paquebot de croisière le plus large du monde (fabriqué en France, si ça ce n'est pas un motif de fierté nationale !), pour aller, en compagnie de 6 987 *happy few* et des 2 394 membres de l'équipage, visiter en coup de vent les plus beaux endroits du monde, en déchargeant rien de moins que 270 tonnes de fuel lourd par jour, que vous ne pouvez pas prendre votre part de responsabilité.

Alors éteignez les lumières, remplissez cette bassine d'eau fraîche, et par pitié : supprimez toutes ces vidéos de chats débiles.

Ce que vous allez faire entre deux avions

Vroum, vroum, vroum ! Balancez les canettes de plastique par-dessus bord et faites chauffer vos grosses cylindrées ! Voici venue l'heure de la réponse aux injonctions écologistes de notre siècle ! C'est le moment d'envoyer bouler tous ces « Khmers verts » qui nous bassinent avec leurs éoliennes maritimes et leurs menus végétaliens. Vive le pétrole ! Aux oubliettes, la fonte des glaces !

Mais bien sûr. Redescendez sur terre, bande de trolls, sans quoi vous risquez de sacrément déchanter. Non mais ça ne va pas ? Ce n'est pas parce que ce chapitre parle de faire exploser votre empreinte carbone que je vais me mettre à faire l'éloge des feux de forêt et des Rallyes-Raids. Si vous vouliez une apologie des moteurs thermiques, fallait vous abonner à *Turbo Magazine* ou à *Passion 4 × 4*. Pour le reste, du scribouillard anonyme au nabab passionné d'aviation, nous participons toutes et tous à la destruction de la planète. Disons simplement que certains y mettent un peu plus de zèle que d'autres.

Conseils

- *Jet lag :*

Toute ma vie, disait la chanson, j'ai rêvé d'être une hôtesse de l'air. Magie d'Internet, grâce à une poignée de geeks, vous pouvez désormais suivre la fréquence des vols de certains jets privés pour goûter un peu, d'aéroport en aéroport, au train de vie des plus grands milliardaires.

Précurseur en la matière, c'est un jeune homme de 19 ans, l'Américain Jack Sweeney, qui a commencé à publier sur son compte Twitter, baptisé ElonJet, les parcours aériens d'Elon Musk, le richissime patron de Tesla et de SpaceX. Ainsi, en recoupant des données publiques et légales (tous les vols aériens sont répertoriés en temps réel sur Internet), le facétieux jeune homme a permis au monde entier de savoir que ce brave Elon, contempteur des moteurs thermiques et porte-parole de la si propre voiture électrique, ne rechigne pas à s'offrir de fréquents petits tours en avion privé d'une durée de... neuf minutes, le temps pour lui de voyager, par exemple, entre San Francisco et San José, deux villes séparées par une autoroute de 83 kilomètres. Sûr que si vous avez une course à faire, ça peut représenter un moyen pratique d'éviter les bouchons.

- *Bohème :*

Pas besoin cependant de nager dans des piscines de dollars pour enquiquiner le climat, sachez que pendant que vous vérifiiez le thermostat de vos chauffages, d'illustres artistes ont eu beaucoup moins de scrupules que vous :

- Le poète et parolier américain Rod McKuen puisait son inspiration dans sa baignoire.
- Le célèbre scénariste Dalton Trumbo (*Spartacus*, c'est lui) écrivait carrément les scripts de ses films les fesses dans la flotte.
- La vénérable Agatha Christie exigeait qu'on lui remplisse de grandes bassines d'eau tiède pour pouvoir y rincer ses fruits et légumes, un moment qu'elle décrivait comme particulièrement inspirant pour l'élaboration de ses romans.
- Gertrude Stein a écrit *Ida* ou *Trois Vies* sur le siège passager d'une rutilante et très polluante Ford T et elle se disait

même particulièrement inspirée par le trafic surchargé des rues parisiennes (encore un coup d'Anne Hidalgo !).

- Vladimir Nabokov aimait s'enfermer dans des voitures pour écrire des chefs-d'œuvre comme *Lolita* ou *La Défense Loujine.*
- Tom Wolfe a écrit tout son roman *Acid Test* à bord d'un bus scolaire (certes envahi par une bande de hippies adeptes du LSD).
- L'excentrique couturier Karl Lagerfeld, allergique à la foule, a boudé les vols commerciaux toute sa vie, préférant louer des jets privés. Au cours de ces voyages, Choupette, sa chatte préférée, s'asseyait systématiquement sur les genoux du pilote.

Dans un autre registre, si le philosophe Henry David Thoreau a dressé un éloge passionné de la frugalité et de l'autosuffisance dans *Walden ou la Vie dans les bois*, il faut savoir qu'il rentrait tout de même manger de grandes tartes aux fraises chez ses parents tous les deux jours et en profitait pour confier à sa chère maman sa pile de linge sale. Comme quoi, même les figures les plus exemplaires ont leurs petites astuces.

DÉCEMBRE

Finir l'année autour d'une bonne engueulade familiale

Ce que vos proches attendent de vous

Encore une année délicieuse qui s'achève ! Que ce soit d'un point de vue économique, professionnel ou même personnel, vous avez vraiment atteint tous les objectifs que vous vous étiez fixés en début d'année. C'est donc avec beaucoup de confiance et d'enthousiasme que vous rejoignez en ce mois de décembre le foyer familial. Tous vos proches seront là et ça, ça fait chaud au cœur.

L'accueil enthousiaste des parents, les courses minutieusement préparées, l'apéritif et ses alcools qui délient si facilement les langues... Toutes ces retrouvailles, comme autant de moments pour faire le point avec chacun des membres de la famille. « Comment ça va au travail ? », « As-tu obtenu une augmentation de salaire ? », « Et cette personne dont tu parlais avec autant d'intimité l'année dernière, aura-t-on la chance de la croiser ce soir ? » Mais quelles sont curieuses, ces tantes bavardes qui en quelques poignées de questions veulent faire le tour de votre vie sentimentale ! Qu'il est caustique, cet oncle maladroit, à vouloir absolument évoquer votre salaire ou cet investissement foireux que vous avez tenté il y a deux ans ! Vous sentez poindre l'inquiétude derrière les bises et les tapes fraternelles dans le dos. On attend de vous que vous prouviez votre indépendance, votre assise financière et sentimentale mais, en même temps, on ne cessera jamais de vous infantiliser. Vous savez en venant ici que vous devrez faire preuve de tact, de patience et – aussi – de diplomatie.

Comment ? Des tabous ? Nooooooon. Disons : des divergences. Des questions qu'il n'est pas utile d'aborder au risque de mettre mal à l'aise votre petite maman. Parler des élections tandis qu'on vous ressert du champagne, quelle vulgarité ! Reprendre le tonton blagueur dès qu'il semble dépasser les bornes ? Mais on ne l'arrêterait jamais ! Entre deux distributions de cadeaux, ou à l'heure des derniers digestifs, il sera encore temps de se dire ce qu'on a sur le cœur. Aborder ce licenciement que vous cachez à vos parents depuis six mois. Évoquer votre changement de sexe. Ils sont prêts. Vous êtes prêt·e. Vive la famille !

Comment vous allez faire pour essayer de vous en sortir

Vous n'avez quand même pas été au bout d'une année aussi mouvementée, à appliquer à la lettre les préceptes de ce petit traité d'irresponsabilité pour voir toute votre confiance et votre bonne humeur s'effondrer entre deux bouchées de foie gras maison. On peut séduire tous les *dates* du monde, survivre à d'innombrables entretiens d'embauche et convaincre par son éloquence des assemblées entières lors de mariages ou de colloques internationaux, et n'être plus rien du tout face à une simple remarque maternelle concernant une supposée prise de poids (« Aïe, pas sûr que mon cadeau soit toujours à ta taille »).

Dites-vous bien une chose : vous ne pouvez pas en sortir indemne.

D'abord, vous allez vous éloigner de cette bouteille de vin de Noël affreusement épicé avant que votre foie inondé ne se mette à entonner le célèbre *All I want for Christmas*, de Mariah Carey. La dernière fois que j'ai fait confiance aux vertus de l'alcool pour aborder avec mes proches un sujet aussi délicat que la question de l'héritage familial, l'ambiance générale qui, jusqu'ici donnait à notre petite réunion des airs de Suisse éternelle, a soudain pris l'allure d'un conflit larvé en ex-Yougoslavie. Et pourquoi ne pas évoquer votre conversion au pastafarisme, cette théologie, reconnue notamment en Pologne, qui considère que Dieu est un plat de spaghettis et les pirates des apôtres du changement climatique, avec votre grand-mère catholique ? Pendant que vous y êtes, signez directement votre acte de renoncement aux biens familiaux.

Auriez-vous oublié votre entretien de l'année dernière avec l'impitoyable tante Tilda, dite « la Grande Inquisitrice », trente-cinq années passées au service de l'administration fiscale et une grande partie de sa retraite consacrée à du bénévolat en tant que contrôleuse SNCF ? Souvenez-vous des questions qu'elle vous a assénées avec une régularité de métronome, afin de décortiquer l'ensemble de votre plan de carrière, les choix faits pendant vos études et la situation familiale de votre dernière conquête. Et encore, ce n'était rien comparé au supplice enduré par votre cousin Antoine, coincé tout le dîner entre votre oncle, huissier de justice, et le nouveau compagnon de votre mère, ancien agent immobilier plein de zèle et convaincu que « dans la vie, tout le monde peut y arriver, suffit de s'en donner les moyens, bonhomme ». Pris en tenaille, le pauvre Antoine. On l'a retrouvé planqué derrière le sapin de Noël synthétique, seule façon pour lui d'échapper à ce bilan de compétences.

- *Lapins :*

Pas ceux que votre grand-père cuisine chaque année depuis 1938 en les arrosant abondamment (les lapins et lui-même) de riesling. Non, par cette référence aux léporidés endémiques, je veux évidemment parler de la plus vieille méthode au monde pour éviter un rendez-vous désagréable : ne pas s'y rendre. Inutile de pousser des cris d'orfraie. Vous faisiez moins de manières lorsque, le 24 décembre dernier, vous avez téléphoné à votre famille pour annuler votre venue au dernier moment pour cause de test Covid positif. Pas de chance ! Surtout après avoir déjà contracté ce virus le mois précédent, pile la semaine du baptême de votre neveu, et encore quelques semaines avant, lors des réunions de la Toussaint, et plusieurs fois encore auparavant, de quoi vous faire quand même manquer les trois derniers Noëls et une flopée d'anniversaires.

Si vous êtes en rade d'autotests (« C'est une barre ou deux qu'il faut colorier pour avoir l'air crédible ? »), tournez-vous vers les excuses inoxydables : avions annulés, cheminots en grève (« Non, maman, même pour un quart d'heure, je refuse d'employer ce moyen de locomotion écocide et mortifère que représente la voiture ») ou la tout aussi efficace « urgence de dernière minute au bureau ».

- *Canards :*

Oui, « canards », comme ce « vilain petit canard » maladroit et inadapté que tous les autres membres de la famille ne peuvent s'empêcher de regarder de travers, et que vous vous ferez un plaisir d'utiliser comme bouc émissaire.

Allez, laissez les scrupules au vestiaire. Qui n'a pas déjà désigné à la vindicte populaire plus faible ou plus critiquable que soi pour occuper les commérages me jette la première pierre. Vous pouvez remercier cette cousine excentrique qui, avec ses quatre mariages et autant de divorces, aura monopolisé des soirées entières de discussions. Pareil pour ce gendre nouvellement arrivé, dont les faits et gestes auront été scrutés par vos yeux de faucon afin que d'un simple commentaire (« Tu as vu comment il a parlé à Papa ? »), vous ne fassiez s'abattre sur lui une tonne de questions.

Profitez-en, car la roue tourne. En attendant votre tour, puisque tout le monde est occupé à donner son avis sur la thèse de doctorat interminable de votre petite sœur, profitez-en pour reprendre une part de ce délicieux fromage.

Conseils

- *Controverses :*

Si votre code d'honneur vous empêche d'utiliser vos proches comme boucliers humains, ou si vous craignez le retour de bâton d'un cousin peu friand de vos méthodes de corbeau (la langue française a décidément quelque chose à faire avec la zoologie), une bonne alternative pour susciter le débat sans s'impliquer personnellement reste de mobiliser les sujets polémiques.

Sans aller jusqu'à réveiller les pires plaies de la société française, l'actualité est suffisamment riche pour faire de ces retrouvailles de véritables joutes oratoires.

À chaque besoin, son sujet de polémique, il suffit de suivre le programme :

Sujet controversé	Capital polémique	Répliques promptes à enflammer les débats
Statut des fonctionnaires	1/5	« Encore heureux que les profs ont deux mois de vacances, avec la tronche des gamins de nos jours. »
Égalité salariale dans le sport	2/5	« Vu le niveau athlétique des joueuses de foot, faut pas s'étonner qu'elles soient moins payées que les mecs ! »
Zones piétonnes en centre-ville	2/5	« Moi, j'interdirais les 4 x 4 partout en ville et j'imposerais un péage à l'entrée des agglomérations. »
Interdiction de la chasse	3/5	« Et si on autorisait la chasse uniquement le jeudi matin entre 11 heures et 12 heures et qu'on donnait au sanglier un nouveau statut d'animal de compagnie ? »
Écriture inclusive et wokisme	3/5	« Chèr·e·s parent·e·s, chèr·e·s cousin·e·s, chèr·e·s invité·e·s, vous voilà tous·tes réuni·e·s pour cette fête, héritage d'un passé archaïque, paternaliste et prosélyte. »
Impôts (sur la richesse, sur le travail, sur l'essence…)	4/5	« Ah ça ! Tu portais moins fièrement le gilet jaune quand il a fallu que ma "grande fortune" finance ton année sabbatique à Marrakech ! »
Réforme des retraites	5/5	« Ne lui demande pas son avis, sa retraite, elle l'a prise avant même d'avoir commencé ses études. »
Règlement vestimentaire au sein des lieux publics	10/10	« Mais au final, je n'ai pas bien compris, leur burkini là… c'est autorisé seulement dans les piscines couvertes ? »

- *Mad Men :*

Et puis sinon, vous pouvez aussi décider de dire que vous vous en fichez, que quoi qu'il arrive, vous aurez beau tout faire pour éviter les questions qui vous fâchent, quelqu'un finira bien par vous les poser.

Et oui, on en revient au point de départ : vous échouerez. Vous ne parviendrez jamais à rassurer tout à fait votre entourage. Vos parents considéreront toujours que vous n'avez pas évolué depuis les périlleuses années d'adolescence. La tante Tilda – ou quel que soit son nom – inspectera encore et encore vos longues listes de résolutions. Vous pourrez leur donner l'air le plus conventionnel et rassurant possible, ou au contraire, faire vœu de manger dix pots de beurre de cacahuètes par semaine ou de tout lâcher pour remporter la coupe du monde officielle de fromage roulant – ce sport anglais tout ce qu'il y a de plus officiel qui consiste à courir après une motte de fromage lancée du haut d'une colline enherbée –, vos résolutions seront toujours sujettes à discussion.

Serez-vous capable de remplir vos précieux objectifs, aussi absurdes ou décalés puissent-ils paraître ? Non, vous n'y arriverez pas. En tout cas, pas comme il faudrait. Pas autant ou aussi bien que vous ne devriez.

Et alors ?

Des objectifs, vous vous en êtes fixé des dizaines. Vous ne les avez pas tous atteints, loin de là. Je vous l'ai déjà dit : vous allez rater votre vie. Peut-être pas *toute* votre vie, allez ! Vous ferez de belles rencontres. Vous arriverez à bout de votre lecture de *Guerre et Paix* sans avoir sauté plus de deux cents pages. Vous parviendrez à trouver un vélo en libre-service du premier coup.

Et puis, il y aura tous les autres objectifs. Toutes ces missions que par paresse, par frilosité ou, le plus souvent, par oubli, vous aurez fini par délaisser. Oui, vous aussi, vous ferez des erreurs. Et vous recommencerez. Comme dans cette pub culte pour Nike où on voyait des athlètes de tous les niveaux enchaîner les déconvenues – courses ratées, crampes insupportables, défaites désespérantes – tandis qu'en fond sonore s'égrenaient les mots : « Déjà essayé. Déjà échoué. Peu importe. Essaie encore. Échoue encore. Échoue mieux. » Pas sûr que Samuel Beckett, auteur originel de ces mots aurait apprécié de voir sa pensée détournée au profit d'une marque de godasses. Mais que voulez-vous ? Qu'on s'appelle Samuel Beckett, Serena Williams ou Jean-Michel Tartempion, on n'obtient pas toujours ce qu'on veut dans la vie. Parfois, la fin justifie des résultats moyens.

En d'autres termes, **on s'en fout.**

Achevé d'imprimer en Italie
par Grafica Veneta
en octobre 2022
Dépôt légal novembre 2022
EAN 9782290261347
OTP L21ELLN001095-435712

—

Composition : PCA

—

ÉDITIONS J'AI LU
82, rue Saint-Lazare, 75009 Paris
Diffusion France et étranger : Flammarion

Librio

1335